职业技能培训教材
超市从业人员岗位组合培训——管理系列

超市卖场布局与商品陈列

劳动和社会保障部教材办公室组织编写

中国劳动社会保障出版社

图书在版编目(CIP)数据

超市卖场布局与商品陈列/阙光辉主编. —北京：中国劳动社会保障出版社，2007
职业技能培训教材
ISBN 978-7-5045-6253-1

Ⅰ.超… Ⅱ.阙… Ⅲ.超级市场-商品陈列-陈列设计 Ⅳ.F713.7

中国版本图书馆CIP数据核字(2007)第145967号

中国劳动社会保障出版社出版发行
(北京市惠新东街1号　邮政编码：100029)
出版人：张梦欣

＊

北京隆昌伟业印刷有限公司印刷装订　新华书店经销
850毫米×1168毫米　32开本　7.75印张　163千字
2007年9月第1版　2015年1月第4次印刷
定价：13.00元

读者服务部电话：010-64929211/64921644/84643933
发行部电话：010-64961894
出版社网址：http://www.class.com.cn

版权专有　　侵权必究
举报电话：010-64954652

如有印装差错，请与本社联系调换：010-80497374

编审委员会

主　　编：张蜀东
副 主 编：任　萍
组　　委：董天曙　吴坚忠　周申磊　张艳婷
　　　　　许胜余　陈之晨　郁士祥　庞淑华
　　　　　勾爱民　林周章
组织策划：张蜀东　李慧莉

本书编审人员

主　　编：阙光辉
主　　审：张艳婷

内 容 简 介

本书是由劳动和社会保障部教材办公室组织编写的职业技能培训教材。本书内容通俗、实用，全书列举了大量案例，便于读者理解掌握书中内容。

全书主要包括卖场布局，卖场的外观、内部设计，卖场的货位分配与商品配置，商品陈列，各类商品的陈列技巧等内容。

本书可供职业学校、企业在职培训及自学使用。

前 言

《中华人民共和国劳动法》规定："从事技术工种的劳动者，上岗前必须经过培训。"国家对相应的职业制定《国家职业标准》，实行职业技能培训。

职业技能培训是提高劳动者知识与技能水平、增强劳动者就业能力的有效措施。在社会主义市场经济条件下，劳动者竞争上岗、以贡献定报酬，这种新型的劳动、分配制度，正成为千千万万劳动者努力提高职业技能的动力。

实施职业技能培训，教材建设是重要的一环。为适应职业技能培训的迫切需要，推动职业培训教学改革，提高培训质量，中国劳动社会保障出版社会同劳动和社会保障部有关司局，组织有关专家、技术人员和职业培训教学人员编写了职业技能培训系列教材。

职业技能培训教材贯彻"求知重能"的原则，在保证知识连贯性的基础上，着眼于技能操作，力求内容浓缩、精练，突出教材的针对性、典型性、实用性。

职业技能培训教材供各级培训机构的学员参加培训、考核使用，亦可作为就业培训、再就业培训、企业培训、劳动预备制培训用书，对于各类职业技术学校师生、相关行业技术人员也有较高的参考价值。

百年大计，质量第一。编写职业技能培训教材是一项艰巨的探索性工作，不足之处在所难免，恳切欢迎各使用单位和读者提出宝贵意见和建议。

劳动和社会保障部教材办公室

编写说明

目前，超市已成为我国最常见、发展最快的一种零售业经营形式，其零售额在我国消费品零售总额中所占的比例越来越高，发展速度居各零售业之首。在国外，超市在许多国家也得到迅猛发展，美国从事超市连锁经营的沃尔玛已多次荣登《财富》杂志世界500强企业第一位。然而，连锁超市的快速发展离不开一支高素质的员工队伍，拥有高素质的员工队伍可以大大降低成本开支，提高经营管理水平，提升核心竞争力。许多超市在快速发展、扩张过程中，深感高素质员工缺乏，员工的素质已成为制约我国连锁超市进一步发展的主要因素。因此，如何建立科学的企业培训体系，做好连锁超市员工的培训，成为当前连锁超市经营者必须面对的一大问题。

许多企业在进行员工培训过程中，深为没有实用、成体系的超市员工培训教材而苦恼。为满足企业和培训机构对超市培训教材的需求，劳动和社会保障部教材办公室经过长时间的选题论证、组织编写、集中审稿及反复修改，推出了超市岗位组合培训教材。

本套教材立足于我国连锁超市的实际情况，聘请了国内几家知名的连锁超市的管理人员和从事培训工作的人员参与本套图书的编写与审定工作，力求在总结本国企业实践经验、借鉴外国企业先进经验的基础上，编写一套适合我国连锁超市岗位培训需要的组合培训教材。

本书主要编审委员会成员：

董天曙　百联集团高级顾问、高级经济师

吴坚忠　北京物美集团高级副总裁

周申磊　北京物美集团发展学院副院长

张艳婷　北京东方宇恒企业策划有限公司总经理，多年跨国零售企业工作经验

许胜余　上海华联超市股份有限公司总工程师、高级工程师，中国物流与采购联合会常务理事

陈之晨　北京顺天府商贸有限公司副总经理

本套图书是专为超市岗位培训而设计的，采用的是组合式的教材结构，一共包括三个系列共16种教材，即操作岗位培训教材——《超市收银》《超市采购》《超市理货》《超市促销》《超市仓储》《超市配送》；管理岗位培训教材——《超市店长》《超市防盗防损》《超市营销策划》《超市卖场布局与商品陈列》；知识类培训教材——《商品基础知识》《商品知识——副食品》《商品知识——生鲜食品》《商品知识——针棉制品》《商品知识——家用电器》《商品知识——居家文体用品》。整套教材可根据培训岗位的要求和培训对象的情况自由组合使用。例如，超市收银员培训可选学《超市收银》《超市防盗防损》《商品基础知识》等；超市店长培训可选学整套教材。本套培训教材既适合于企业或培训机构进行超市员工培训，也可供超市员工或有关人员自学使用。

目 录

上篇　卖场布局

第一章　卖场概述 …………………………………（3）
　　第一节　超市选址 ………………………………（3）
　　第二节　卖场规模的确定 ………………………（9）
　　第三节　超市卖场布局规划的基本原则 ………（23）

第二章　卖场外观设计 ……………………………（27）
　　第一节　超市命名 ………………………………（27）
　　第二节　招牌 ……………………………………（32）
　　第三节　建筑物的结构 …………………………（35）
　　第四节　出入口设计 ……………………………（36）
　　第五节　超市橱窗设计 …………………………（41）
　　第六节　停车场设计 ……………………………（46）
　　案例分析 …………………………………………（47）

第三章　卖场内部设计 ……………………………（50）
　　第一节　店面区域划分 …………………………（50）
　　第二节　售货区设计 ……………………………（54）

· I ·

第三节　主副通路设计……………………………………（63）
第四节　超市设备购置……………………………………（65）
第五节　建筑设施…………………………………………（68）

第四章　卖场货位分配和商品配置……………………………（78）
第一节　基本概念…………………………………………（78）
第二节　商品配置…………………………………………（83）
第三节　超市关联商品的配置……………………………（94）
案例分析……………………………………………………（97）

第五章　超市商品分类与商品组合……………………………（102）
第一节　超市商品的分类…………………………………（102）
第二节　超市商品目录与结构……………………………（110）
第三节　"20/80法则"的内容及运用 ……………………（118）
第四节　超市商品组合……………………………………（122）
第五节　超市企业自有品牌的开发………………………（131）

下篇　商品陈列

第六章　商品陈列基础知识……………………………………（137）
第一节　陈列的原则与区域………………………………（137）
第二节　陈列的重要性……………………………………（143）
第三节　陈列的基本工具…………………………………（145）

第七章　商品陈列原则和要求…………………………………（153）
第一节　商品陈列的原则…………………………………（153）

第二节　商品陈列的要求……………………………………（169）

第八章　商品陈列的基本方法……………………………（175）
第一节　陈列区分……………………………………………（175）
第二节　货架陈列法…………………………………………（179）
第三节　非货架陈列…………………………………………（181）
第四节　促销陈列法…………………………………………（183）
第五节　岛式陈列法…………………………………………（186）
第六节　超市杂货陈列………………………………………（187）

第九章　商品陈列操作流程…………………………………（194）
第一节　商品陈列准备工作…………………………………（194）
第二节　商品陈列的流程……………………………………（202）
第三节　商品配置图表………………………………………（207）
第四节　陈列作业时间表……………………………………（219）

第十章　各类商品陈列技巧…………………………………（221）
第一节　食品、洗涤品陈列技巧……………………………（221）
第二节　生鲜食品陈列技巧…………………………………（223）
第三节　日配品与水产品陈列技巧…………………………（229）
第四节　电器陈列技巧………………………………………（231）
第五节　四类商品橱窗的陈列要点…………………………（232）

参考文献………………………………………………………（235）

上篇 卖场布局

土壤 交换性 阳离子

第一章
卖场概述

卖场是店主与顾客以金钱与商品从事交易的场所。而各卖场因所处商圈的不同，顾客层次也就不同。"客层定位"是超市规划卖场前所需慎重考虑的因素。卖场是一个舞台，是店主、顾客与服务人员共同演出的场所，而搭配演出的就是商品。当一场戏上演时，如果舞台的设计能与演员、道具达到相得益彰的效果，必然是一场叫好又叫座的戏。要想唱好一台戏，就要从选址、规模与规划多方面进行考虑。这是卖场配置与规划的出发点。

第一节 超市选址

一、店址选择的分析方法

超市地址的选定受交通、客流、竞争对

手、周边物质特性以及城市规划多方面因素的影响，只有综合考虑这些因素才能选到最适合的店址。

1. 交通状况分析

交通条件是影响零售店选择开设地点的一个重要因素，它决定了企业经营是否顺利。

(1) 从企业经营的角度来看，对交通条件的评估主要有以下两个方面：

1) 在开设地点或附近是否有足够的停车场可以利用。国外绝大多数购物中心设计的停车场所与售货场所的面积比例一般为1∶1。如果不是购物中心地点，或者是中小城市，私家车拥有比例较低，对停车场所的要求可以降低，零售店则可以根据自己的要求做出决策。

2) 商品运至超市是否容易。这就要考虑可供超市利用的运输动脉能否适应货运量的要求并便于装卸，否则货运费用的明显上升会直接影响到超市的经济效益。另外，超市提供大宗服务时，需要送货上门，如果交通不便，将直接影响超市的竞争力。

(2) 从顾客的角度来看，对交通条件的评估主要有以下3个方面。

1) 设在边沿区商业中心的超市，要分析与车站、码头的距离和方向。一般距离较近，客流较大，购买较方便。开设地点还要考虑客流的来去方向，如选在面向车站、码头的位置，以乘车、乘船的客流为主；选在邻近市内公交车站位置的，则以乘车的客流为主。

2) 设在市内公交车站附近的超市，要分析车站的性质、客流量、是中途站还是终点站、是主要车站还是一般车站。一般来说，主要停车站客流量大，超市可以吸引的潜在顾客会较多。

3）要分析交通管制状况引起的有利与不利条件。如单行街道、禁止车辆通行街道以及人行横道距离较远都会造成客流量在一定程度上的减少。

2. 客流分析

客流量大小是一个零售店成功与否的关键因素。客流包括现有客流和潜在客流，超市选择开设地点总是力图处在客流最大、最集中的地点，以使多数人就近购买商品。但客流规模大并不一定带来超市的兴隆，应作具体分析。

（1）客流类型分析。一般超市客流分为3种类型：

1）自身的客流。是指那些专门为购买某种商品而来店购买的顾客形成的客流，这是超市客流的基础，是超市销售收入的主要来源。因此，新设超市选址时，应着眼于评估本身客流的大小、规模及发展趋势。

2）分享客流。指一家超市从邻近超市形成的客流中获得的客流，这种客流往往产生于经营商品互补性较强的超市之间，或大超市与小超市之间，百货商场、专卖店与超市之间。

3）派生客流。是那些顺路进店购物的顾客形成的客流，这些顾客并非专门来店购物。在一些旅游点、交通枢纽、公共场所附近设立的便利超市（便利店）利用的主要就是派生客流。

（2）客流目的、流速和滞留时间分析。不同地区的客流规模虽有可能相同，但其目的、流速、滞留时间会有所不同，因此在做出最佳选择前要作具体分析。如在一些公共场所、车辆通行干道，客流规模较大，虽然也会顺便或临时购买一些商品，但客流的主要目的不是为了购物，同时客流速度快，滞留时间短。

(3) 街道两侧的客流规模分析。同样一条街道，两侧的客流规模在很多情况下，由于交通条件、光照条件、公共场所设施的影响，存在很大差异。另外，人们骑车、步行或驾驶汽车均靠右行，往往习惯光顾行进方向一侧的超市。有鉴于此，开设地点应尽可能选择在客流较多的街道一侧。

(4) 街道特点分析。选择超市的开设地点还要分析街道特点与客流规模的关系。交叉路口客流集中、可见度高，是最佳的开设地点。有些街道由于两端的交通条件不同，或基础文化娱乐设施不同，或通向的地区不同，客流主要集中在街道的一端，表现为一端客流最多、纵深处逐渐减少的特征，这时候店址宜选在客流集中的一端。还有些街道，中间地段客流规模大于两端，相应地，店址选择在街道中间就能更多地得到客流。

3. 竞争对手分析

超市周围的竞争情况对零售店经营的成败可产生巨大影响，因此在超市选择开设地点时，必须要分析竞争对手。一般来说，开设地点附近如果竞争对手众多，且商品结构、服务水准等相类似的话，则新店很难获得巨大成功。但若新店经营独具特色、竞争力强，也能吸引大量客流、促进销售、提高超市声誉。

当然，超市的选址还是应尽量选择在超市相对集中且有发展潜力的地方，对经营选购性商品的超市尤其如此。

另外，当店址周围的超市类型协调并存，形成相关超市群时，往往会对经营产生积极影响。如经营互补性商品的超市相邻而设，便可在方便顾客的基础上，扩大自己的销售。集中在一起的超市群相互之间既存在竞争，又有合作，应善于权衡把握这种关系。

4. 开设地点的物质特征分析

一个地点的物质特征决定超市的建筑类型。物质特征包括周围的建筑环境、停车场、能见度、顾客进出的方便性以及地形特点等因素。

(1) 建筑环境。新建超市要与周围的建筑环境相融合，不同的环境要求不同的建筑风格，比如，在豪华建筑群中，仓储式超市便难以存在。

(2) 停车场。停车场的数量、面积及方便性也是地点物质特征的一个重要方面。大多数购物中心提供充足的免费停车场，而在商业中心地区，停车场是一个主要问题。因为商业中心地区商家云集，寸土寸金，难以开辟空地建成停车场。有的超市腾出一小块地作为停车场，但由于地价昂贵，便要收取停车费。不过地下停车场及立体式停车场的建设有可能缓解这一矛盾。

(3) 能见度和顾客进出的方便性。一片开阔而平坦的地方有好的能见度和易接近性，但是这样的地点对于开发和发展却是不利的。零售商必须在此开发道路、超市、停车场，甚至提供运输交通工具，其投资规模和成本都很大。如果是在一个有效的地点，且已有建筑物，零售商则必须考虑现有的建筑物能否被改造利用，或者是否需要全部或部分地拆毁。另外，若一个潜在的开设地点位于购物中心末端而只有狭小部分临街，或者只有狭小部分位于街道一侧，则其能见度远远低于位于购物中心入口处或主要街道的同类超市。虽然有时候可以通过建筑物的一个大的、清晰可见的标志指引顾客，但还是会损失一些顾客。

(4) 地形特点。通常十字路口的易接近性高，拥有较大的客流量，许多零售商也愿意付较高的租金以获得这样的位置。路口拐角处同时也能提供较大的橱窗陈列机会，并可多设出入口，增强了能见度与易接近性。但是，有立交桥或将要建设公路立交桥的路口不是好的地方，交通管制会影响顾客的可接近性。

5. 城市规划分析

在选择超市开设地点时，要考虑城市建设的规划，既包括短期规划，又包括长期规划。有的地点从当前分析是最佳位置，但是随着城市的改造和发展，将会出现新的变化而不适合开店。反之，有些地点从当前来看不是理想的地点，但从规划前景看，会成为有发展潜力的新兴商业中心区。因此，零售经营者必须从长远考虑，在了解地区的交通、市政、街道、绿化、住宅、公共设施及其他建设项目的规划的前提下，做出最佳地点的选择。

6. 未来效益分析

最后，超市经营者还要对未来超市的效益做出评估，主要包括平均每天经过的人数、来店光顾的人数比例、光顾的顾客中购买者的比例、每笔交易的平均购买量等。之后，超市经营者就可以做出超市的开设地点和超市设置后开业的决策了。

二、超市店址确定的基本原则

超市的立足条件在于便利。超市经营的商品基本是日常用品，包括每天生活必需的食品、洗漱用品、文具用品、卫生用品等。消费者一般每周至少购买一次，有的主妇会两天甚至每天光顾超市一次，因此超市所处位置必须很容易就能到达，要么距离顾客比较近，要么交通很便利。

目前，我国尚处于超市发展的初级阶段，针对超市的经营内容，以食品和杂品为主的特点，超市店址选择的原则应是：

1. 超市的店址以选择在居民区为主；

2. 超市的目标顾客应以稳定的居民为主，以店址附近的企事业单位上下班职工为主；

3. 选择在交通枢纽开设超市，其经营内容必须根据流动顾客的不同特点做出决定；

4. 选择在商业中心或老城区开设超市，其经营内容必须与商业街上其他业态的超市经营内容有互补性。

商业网点规划部门应以超市为先，来规划建设新居民区的商业网点，以此来取代传统的粮店、菜市、百货店和杂货店，为用新的零售模式——超市来提高居民的生活质量创造条件。

第二节　卖场规模的确定

一、商圈分析

1. 商圈的定义

所谓商圈，又称作"零售市场的空间领域"。通常是指商店有效吸引顾客优先选择到本店购物的消费者分布的地域范围，是商店的营销辐射范围，它直接关系到超市门店的物流量的大小。值得一提的是，随着市场经济的发展，商圈的内涵也在不断地发展，目前以竞争理论为导向，商圈的内涵已不局限于区域交通的范围，而是超越了时空的界限。百货店的商圈具有以下特征：

（1）区域性。百货零售商店的商圈指的是一个具体的区域空间，这个区域空间是由每一个商店作为基础的特有的地理环境所决定的。它的商圈，对于商店经营者来说，即是他们进行市场营销活动的空间范围，在这一空间中，百货商店向消费者提供他们所需要的商品与服务，也正是由于百货店采取积极的营销活动，才创造出各自独特的商圈。这个商圈对于消费者来说,则是他们进行购物活动的行为空间。

(2) 层次性。百货商店的商圈一般具有比较明显的层次性特征。区域性的百货商店的商圈大小由消费者居住状况及人口分布、交通状况及距离、市场竞争状况等决定。

1) 根据国外的理论与实践研究,按商圈内顾客到达百货店方式将商圈划分为以下 4 种类型:

①徒步圈。指步行可承受的商圈半径,也可称为商品的第一商圈,单程以 10 min 为限度,商圈半径为 500 m 以内。

②自行车圈。指骑自行车方便可及的范围,也可称为第二商圈,单程为 1.5 km。

③汽车(机动车)圈。指开车或乘车能及的范围,也称为第三商圈,以购物为目的,距离约 5 公里左右,单程为 10 min。

④铁路圈、高速公路圈。指搭乘铁路或经由高速公路来此购物的顾客范围,属于商店的边际商圈。

2) 商圈按规模划分为以下 4 种类型(见表 1—1)。

表 1—1   商圈划分方式关系表

	徒步圈	自行车圈	汽车圈	铁路圈、高速公路圈
小商圈	○	○		
中商圈		○	○	
大商圈			○	○
超大商圈				○

①小商圈。范围最小的商圈,如徒步圈、自行车圈。此种商圈消费习惯是以生活必需品的高频率购买为主。小商圈是零售业的起源,多半分布在大都市的住宅区及郊外的住宅区。

②中商圈。以自行车圈、汽车（机动车）圈为主，主要以购买选购品为主，供周末假日全家一次性消费购物。

③大商圈。以汽车、机动车圈为主，顾客可以开 10 km 左右车程至此商圈消费，属于商店的边际商圈。

④超大商圈。特大商场还可以形成更大的辐射商圈，即由高速公路、铁路等形成的幅员广大的商圈。

2. 商圈的构成

一般来说，商圈是以商店地点为圆心，以商店四周一定距离为半径所划定的范围而设定的，因此商圈基本上都是同心圆，但这仅仅是作为商圈构成的特例而设定的标准。在实际的商圈设定中，所考虑的因素还有商店的业态（业态就是指商业服务于某一顾客群或某种顾客需求的店铺经营形态）、竞争店铺、交通状况、店铺规模、商品特性等。所以商圈并非都是同心圆。如图 1—1 所示，圆形商圈一般由核心商圈、次级商圈和边缘商圈三部分构成，我们很容易就能看到各自的地位与作用。

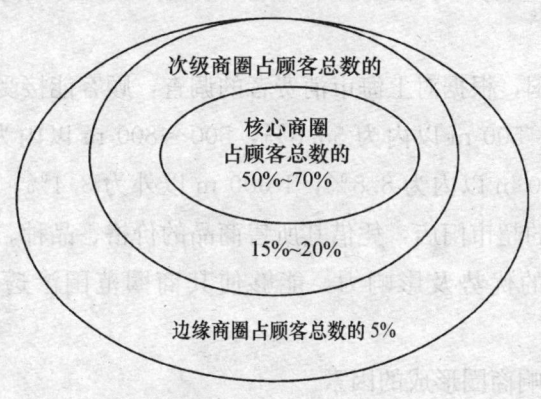

图 1—1　商圈的构成

(1) 核心商圈的顾客要占到这一门店的 50%～70%，即销售额占本商店营业额的 70%，是商店周围最近、顾客密度最高、每个顾客平均购货额最高的区域，市场占有率应达到 30% 以上。

(2) 次级商圈的顾客数要占到商店顾客总数的 15%～20%，即销售额占本店营业额的 25%，这是位于核心商圈以外的商圈，顾客相对分散，市场占有率应在 10% 以上。

(3) 边缘商圈包括了所有剩余下来的顾客，占顾客总数的 5%，他们的居住点更为分散，便利品或者一般日用品往往很难吸引这部分顾客，只有选购品才能吸引他们。边缘的市场占有率应在 5% 左右，销售额应占本店营业额的 5%。

一般来说，店铺越大，商圈就越大，所以超级市场的商圈大于便利店，但往往小于百货店。美国商店通常是以距离远近来划定商圈的，如美国一个折扣店的核心商圈的半径为 6.4 km；次级商圈的半径为 6.4～12.8 km 的环形带；边缘商圈为 12.8～25.6 km 的环形带。但在日本，超市的商圈是以时间的多少来设定的。

在我国，根据对上海市消费者的调查，顾客能接受的日常购买距离为：500 m 以内为 53.8%，500～800 m 以内为 34.1%，800～1 000 m 以内为 8.8%，1 000 m 以外为 3.4%。当然某些规模较大的超市门店，凭借其所售商品的价格、品种、品牌和服务等方面的优势及影响力，能够使其商圈范围渗透到更远的地方。

3. 影响商圈形成的因素

影响商圈形成的因素是多方面的，可以归纳为企业外部环境因素和内部因素。其中外部环境因素主要有：

（1）大城市。一般来讲，多数建在大城市的超市，都坐落在城市中心区域以外的商圈内。但是，绝对不应忽视的是公寓住户的数量，这也是部分新建超市稍远于中心地带的原因。通常城内区域的停车场收费高，设施又有限，在城市中心以外的区域，停车免费或收费较低。商品分销商也喜欢选择坐落于紧靠较多家庭购买单位的附近，也就是密集的住宅区。当然，其中不乏地处偏远地区，需以车代步而且经营比较成功的独立商店。

建立超市商圈的最佳方法是使用环绕该地点外围区域的地图，同时考虑居民住宅状况。可以从地图上画出一系列等时线（它是连接相等时间的各点所形成），来描绘商圈的轮廓。有经验者认为，一般情况下 20 min 的路程应属于边缘地带。当然由于竞争的位置和社区规模，新的超市会不断出现，那么边缘地带也常常处于变化中。每 5 min 路程内的预计营业额，主要取决于每个地段的交通流量。

有的超市的经营者在选择地址时，喜欢用距离来决定商圈的范围。如以预定的地点为中心点，在地图上绘出代表实际半径为 1/4 km、1/2 km、1 km、2 km、3 km、5 km 的同心圆。估计从每个半径范围内所获得的营业比率。位于繁华地段的市场，在商店周围 2 km 的范围内，能获得大约 80% 的顾客，而超市的顾客大概能占到 60%～90%，其中上下有 30% 的出入，可能是超市经营所在区域形态不同的原因。坐落在城市中心区域的超市，比那些人口分散区域的超市，所拥有的商圈范围更小。

支持一家新成立的超市所需要的家庭数，并不是十分确定的。但如果超市的规模扩大，在邻近区域内用以支持超市所需的家庭数量就必须增加。

(2)中小城市或小城镇。许多超市能够从比较大的商圈内招徕顾客。有的超市在一些中小城市或小城镇，尤其在人口稀少的地区，也能够比在城市中心地带更大的商圈内获得更多的利益。

一般来讲，在竞争十分激烈的超市区域内，对顾客的吸引力，相当程度上取决于人口数量、邻近性、方便性、规模。

一种划分中小城市或小城镇商圈的方法为市场区域技巧。小城镇的商圈不会由于一家超市的出现而有较大的改变。小城镇的吸引力对所有形态的零售商店几乎都是相同的。若某镇的大小是邻镇的2倍，那么它所招徕顾客的距离，也倍于邻镇。假如2 000户居民的城镇和4 000户居民的城镇间相距3 km，则4 000户居民的大镇将朝小镇方向的2 km处吸引商品交易（假定其间并无交通阻碍）。因此，理想的商圈情况见表1—2。

表1—2　　　　　　　　城镇商圈情况

A城	5 000户居民	计划地点
B城	1 000户居民	离A城10 km
C城	10 000户居民	离A城15 km
D城	2 500户居民	离A城8 km
E城	5 000户居民	离A城20 km

商圈的界限位于两个城镇间，从A城到界限的距离为从B城到界限距离的5倍，也就是从A城向B城延伸8.3 km处，从A城到界限的距离仅是从C城到界限距离的一半，也就是从A城到C城路上约为5 km处。一般来说，所有环绕计划地点的城镇，都应记在该图上，除非居民仅有千人以下的城镇，或距离计划地点在30 km以上的城镇。商圈的任何一个方向都很少超过30 km的，而且不可重叠任何大过计划地点所在的城市。

许多研究指出，一个超市超过另一个超市的购买率的重要因素就是接近。商圈受限于很难跨越的自然障碍，如河流、工业区、高速公路、铁路等，都交叉出现在地图上。事实上，当处于比较复杂的情况时，人们更容易忽视它们。这些障碍往往会造成交通的背向，阻碍正常流动，使受限制的地形线变成了分界处。

交通的习惯性流动也是一个限制因素。人们易于随着交通的流向而移动，反方向的位置不会吸引来消费者。在一段时间内，交通的形态可以借积极的促销来改变。一般说来，顺应交通流向要比改变流向来得容易而且有效。

(3) 人口。人口密度、人口数量、人口分布、成长趋势和特性都是选址时应考虑的重要因素。所有的人都是消费者，很自然地也是超市的潜在顾客。因此，一个区域的人口数帮助提供了商圈销售潜力的一种估算。商圈的人口资料可通过很多渠道获得。人口资料的一般来源主要有：学校师生状况、有关部门的统计资料、全面的人口普查资料、通过户籍管理或居委会获得等。许多食品连锁店以经验法获取商圈人口资料。但这个方法要随着个人收入水平、竞争的品质和数量、接近性，以及计划中超市的规模等条件的变化而变化。

某家连锁店估计，现代化超市会有将近50%的顾客，他们大都来自1 km以内的区域，这主要是强调了邻近市场地区、人口密度大的重要性。当考虑一家新的超市的可能地点时，地区性连锁店经营都采用经验法，规定在计划地点的1.5 km范围内，必须有10 000人居住。这里应该指出的是，如果在每周销货2万元规模的超市位置选择时使用经验法则，而在设计每周销货4万元或更大规模的超市时，必须给予调整。随着超市规模的扩大，商圈的范围也应该扩大。人口最多的区域产生最多的潜在顾客，现有人口固然重要，但未来人口增长的可能性也必须认真考虑分析。进而把一些问题搞清楚，如最近几年该区域内的人口是否有实质性的增长，是否有能容纳新家庭的住宅小区开发，在该区域内是否已经进行着实质性的住宅建筑等。为回答这些问题，须判断该区域内的过去、现在和将来的成长状态。

一般来说，新的超市开设在人口尚在增加，而且有足够开阔的地域内比较合适。有时，商圈目前不能满足一家新建超市的需要，但当考虑该区域未来的发展时，其潜力即能弥补新建超市的风险，商圈潜力对超市的规模产生一定的影响。其他有关人口资料可通过查看区域内的人口出生情况和学校情况来获得。

在分析商圈的人口时，人口结构的研究是至关重要的。所以，对任何关系商圈人口的要素或特性，都应该进行认真细致的分析，借以判断对计划中的超市产生的可能影响。

平均家庭人数和家庭成员平均年龄都是十分重要的资料，学校数量、在校生数量和年龄分布都能够清楚地表明商圈人口年龄的状况。

(4) 个人收入。商圈内需要认真对待的、最基本的分析，是对个人可支配的收入所得、所得的人口分配和所得来源的研究。一般来说，大城市通常具有较为分散的个人收入来源，因而比收入来源有限的区域更有潜力。区域内所得的估计，可从全面调查，或地区性和全国性平均收入的公开报告等途径来取得，借以估算该区域内的一般收入水平，并作为商圈未来预测的重要根据。

(5) 交通流量。分析计划地点的交通流量，能够帮助经营者决定该地区的潜力状况。因为，街道和公路，对流动顾客销售潜力的估算是有重要影响的。坐落在公路或交通路口的商店，将从那些在城市工作的流动人口中增大购买量。

了解下列各项，对决策会有所帮助：
1）每天经过该地的交通流量。
2）地区性车辆所占的百分比（从城市来的）。
3）镇内车辆所占的百分比。
4）镇外和市内车辆的百分比各占多少。
5）交通流量最大的是哪一段时间。
6）由女性驾驶车辆或骑车的百分比（因为妇女购买商品的比例较大）。

记录每天通过的人数，并根据其特性给予分类，是行之有效的选址基本方法。过去有人主张，通过市场预定地的交通流量，是决定商品推销的重要因素。事实证明，在交通流量和一地的潜在销量之间，并没有必然互相依存的关系。

（6）商店规模。商店规模越大，其市场吸引力越强，从而有利于扩大其销售商圈。这是因为商店规模越大，可以为顾客提供选择性商品的品种越齐全，服务项目也越多，吸引顾客的范围也就越大。当然，商店的规模与其商店的范围并不一定成比例增长，因为影响商圈范围的大小还有许多其他因素。

（7）同业竞争。新建的超市必须对商圈内外竞争者的质与量等各方面进行详细而全面的调查研究。首先要对商圈内竞争者的销售额进行认真的估算，并将此项估算额从超市潜在的总销售量中减去，得到新建超市的潜在销货概数。在一个现有商店不足以应付消费者需要的区域，迫使消费者到区域外购物，这时新建与经营超市的风险相对要小。规模大的新建超市，经常会吸引一部分同区内的食品店的顾客。因此，即使区域内竞争激烈，开超市仍有利可图。由于激烈的市场竞争，连锁店只要比现有的商店推销好一些，而且能够以合理的租金找到适当的位置，就能够获得一定的经济效益。重点是竞争者的品质，而不是数量。不可忽视的是竞争者选择地址与该商圈的各种可能性。

（8）社区的发展。在衡量一个商圈时，多着眼于社区的进步与发展上。人口趋势、工业特征、个人收入水平、竞争环境和商业的一般发展状态，都可以证明社区的进步。进步程度可以通过调查问卷的形式获得，并从中推测该区域未来发展的潜力。以下几个问题具有相当的重要性，需要认真分析研究：

1）新的建筑物进度是否正常？
2）商业活动是否经常而且积极？
3）公园和休闲的娱乐区域计划是否有效？
4）地区性运输系统是否能够满足需要？

（9）销售潜力。在商圈内，全部家庭食品消费额可用商圈内的家庭户数乘以1 000元来估算。1 000元代表每个家庭每年食品消费的估计数字。从商圈内的年度销货估计额减去竞争者的销货，即为新商店可能的销货额。

决定商品销售潜力的一个方法是计算超市区域内所需服务的适当人数。首先，估计每人每年的食品消费额。以每个家庭1 000元计算，每人每年的支出约300元。应用人口数字比家庭数字更为方便。其次，超市对食品支出的比例约占70%，因此，每人约210元。经营者可按照预定的商圈估算，不断修正这个数字。再次，以每人在超市的估计消费额乘以预定的商圈内的人口数，得出超市的总销售量。最后，检查购物区域内现有超市的全部销货量，并以此数字和全部超市应有的总销售量进行比较，得出未开发的销售量，再加上预计从现有商店转移到新商店的销售量，就是新超市的销售量。此外，就是如何决定超市的"饱和点"问题。

要为某个购物区域提供适当的服务，则须确定超市的总面积。据某个经营者估计，现有超市面积等于每人 2 m² 时，即达到饱和状态。这个数字基于一项假定，即 70%～75% 的面积为销售区域，85% 的销售量是食品类，在这样的条件下，超市每平方米的食品总销售额约为 105 元，因此，假如每人销售额为 210 元，则现有的超市区域所需要的面积为人口数的 2 倍。现有超市区域与计算所需区域的差异显示了商圈的潜力。

超市总部可以以预定地商圈和经营类似的区域作比较，对潜在的销售量进行估算。可以通过计算区域内的全部食品预计销货额的办法来观测竞争情形。通常所属商圈大小类似的三家商店，在人口和个人收入水平相同时，可以用来作为比较的依据。将这些商店的销货量加在一起，并得出商圈内每个人的平均销货量，并以此数字乘以预计商圈的人口数，即得出新建商店的预期销售量。许多连锁店的经营者，借与类似商圈的比较，正确地预测出新建商店的销售额。由于商店的规模、竞争和商圈特性不同，所以估算新建超市销货量的方法也不尽相同。

（10）一些不可忽视的次要因素

对拟建超市的经济效益判定，主要由上述因素所决定。但有些次要因素也是不可忽视的。

1）金融设施。在拥有金融服务的区域，能促使超市资金的运用，并避免资金转移中的延误。存款和在途款项的资金呆滞时间较短，有利于资金的有效流动。

2) 商品供应来源。运输费用，运送的速度与存货的投资，都受公司仓库和其他供应来源远近的影响。从供应源到新建超市的距离和运输路线，都须加以考虑。

3) 广告媒体。广告是超市营销能否成功的重要环节。使用的广告媒体，其涵盖范围及成本，都应该属于认真调查研究的范围。必须深入地分析评估电视、报纸、广播、传单张贴、网络等，对超市销售促进的有效性及适用程度。

4) 公用设施。在从事新的超市位置调查前，应先确定此地是否有足够的公共设施可以利用。如果在公共设施启用之前，水、电和其他服务成本也是一项需要考虑的重要因素。

4. 商圈的划定方法

商圈的划定是一项比较复杂的工作，对于现有的门店，可以通过顾客意向询问、售后服务记录、信用证或支票等形式搜集资料，以此来划定商圈的分布范围。然而对于即将新建的门店来说，商圈的划定相对较困难一些，一般可针对将设店地区居民的生活形态及有关因素，配合住宅建设、公共交通、城市规划等相关方面的资料进行分析来划定商圈。

在国内外，划定商圈的方法通常有：

（1）雷利零售吸引力法则。该法则认为，两城市从中间地带吸引顾客的数量同两城市的人口数量成正比，与两城市距中间地段的距离成反比。该法则的出发点是确定一个在两城市间的无差异点，在这一点上顾客无论到哪方购物均是一样的。它表明，城市人口越多，商业越发达，对顾客的吸引力越大，商圈也越大。

该法则最大的优点就是简便易行，不失为确定商圈的一种有效方法，但是它未考虑到交通时间和商店吸引顾客的能力，因而不能被广泛采用。

（2）中心地带理论。这一理论由德国学者克理斯特勒提出。他认为，以零售机构密集的商业中心（一个村、镇或城市）构成一个商业中心地带，根据可提供的商品种类可划分出不同的社区（或区域）。能提供最基本生活必需品的社区是中心地带，而既经营必需品又经营选购品的地方则形成较大的中心地带。为购买所需商品，顾客须到某中心地带，因而顾客往返的时间就成为决定中心地带位置的关键因素。一般来说，经营品种越多，中心地带区域辐射半径就越大，顾客覆盖范围就越大，商品销售的物流量越大，即商圈越大。

5. 商圈分析与评估

（1）商圈分析的内容。商圈划定以后，接着就要对商圈进行调查分析。商圈分析的内容一般包括人口规模、特点与商圈特点。前者具体包括人口总数、人口自然结构、教育水平、职业分布、下岗失业状况、家庭可支配收入、人均可支配收入等。后者包括货源供应等物流情况、经济情况和竞争形势。

1）货源供应等物流情况。包括供货渠道与质量保证程度、供货来源的稳定性、供货商的数量、运货时间、运货费用等。

2）经济情况。包括城市设施与规划、金融服务情况、地区内产业结构、主导产业与优势企业、经济增长预测、免受经济波动和季节变化影响的可能性、就业状况等。

3）竞争形势。包括商店的饱和度、现有竞争者的数量与规模、所有竞争者的优势与弱点分析、短期与长期的展望等。

(2) 商圈评估。一般是以计划中的开店地址为中心,根据设定的商圈半径将商圈范围内的住宅、竞争店、公共场所、道路、公交车辆路线等标于图内。然后再根据收集得到的功能店、住户及客流量等资料,利用销售额与市场占有率等指标对预定的开店地址做出评估。

营业额的估算应考虑以下因素:超市在商圈范围内的市场占有率;商圈范围内企事业单位的购买量;商圈范围内常住居民的购买量;流动顾客群的购买量。

例如:

假设某超市所有商圈中核心商圈居民的购买量每月为:1 000元×3 000户=300万元;

次级商圈的购买量每月为:1 000元×2 000户=200万元;

边缘商圈的购买量为:1 000元×1 000户=100万元;

商圈内流动顾客群食杂品的购买量每月为120万元;

商圈内企事业单位食杂品的购买量每月为180万元。

该超市的市场占有率:核心商圈为30%;次级商圈为10%;边缘商圈为5%;企事业单位为10%;流动顾客群为10%。

由上述数据可推算出各类销售额及总销售额如下:

核心商圈:300万元×30%=90万元

次级商圈:200万元×10%=20万元

边缘商圈:100万元×5%=5万元

企事业单位:180万元×10%=18万元

流动顾客群:120万元×10%=12万元

总销售额:90万元+20万元+5万元+18万元+12万元=145万元

上述推算出的超市总销售额的大小，同时也反映了该超市门店物流量的大小。

二、市场占有率

现代商业是建立在市场经济的基础之上，如果没有市场，一切的商业活动都将无法进行。但是，任何市场都有饱和的时候，如果不顾市场动态，盲目地进行投资，很有可能会败得一塌糊涂。因而在一个超市进行选址之前，一定要做好市场调查，摸清市场占有率。所谓市场占有率，就是在市场中所占的份额或比例。市场占有率是一个很重要的参数，对超市经营、尤其是新店的开设有非常重大的意义。

三、资金

资金是开超市的首要决定因素，没有资金或者没有充足的资金，超市是无法正常经营甚至根本无从谈起。当然，这并不是说有了充足的资金就一定能把超市办好，要使超市盈利，就要做到对资金进行合理的规划分配。对超市来说，在业务活动实施过程中，如何有效配置流动资产和固定资产，以取得理想经营效果，是超市经营中必须予以考虑的重要问题。

第三节　超市卖场布局规划的基本原则

超市运营所需要的各类基础设施配置一旦确定下来，就确定了营业场所内货物、顾客流动路线和业务工作人员工作的方式，从而直接关系到营业现场的劳动生产率高低。其中，最关键的是顾客、现场营业人员的物流活动路线和店铺形象塑造两点，这两点直接关系到是否最大限度地方便顾客发现商品的品种安排和结构,是否能够最大限度地发挥商品的诉求力,影响商品销售量和利润率。同样,工作人员活动路线不合理,也会降低劳动效率,导致商品的物流量费用上升。因而超市卖场布局规划显得尤其重要。

卖场设计中应注意几个关键的经营管理技术,即如何让顾客进入店内、如何让顾客在商品面前多停留、如何让顾客购买。一般来说,进入店内购物的顾客的心理和行为基本上可以概括为以下的顺序:进入店内;店内行走;停留;审视及联想;触摸;购买;满足。

基于以上店内顾客的购买心理和行为,在进行卖场设计时至少应注意的几点原则。

一、消费者进入容易

消费者的进入是销售和购买行为发生的首要条件,因此超市的经营者必须时时考虑如何让消费者能很容易地进入店中。作为一个卖场,即使商品种类丰富、服务周到亲切、商品价格便宜,但是顾客不知道如何进来或者根本不愿进来,那其他的一切努力都是白费。所以,如何让消费者很容易进来是一个根本的问题。超市要有做生意的机会,只有让消费者心甘情愿的进来。这又取决于如下因素:

1. 超市的选址及附近的交通状况。
2. 停车场的大小及其位置。
3. 店面的标志、色彩及照明。
4. 出入口的位置、开入程度及有无障碍。
5. 店内的通透性。
6. 出入口处商品的布局及陈列方式。

7. 正门入口处的清洁及整理整顿。

二、易于消费者更久的滞留

据调查,消费者为买特定的某些商品而到超市去的大约只占6%,换句话说,就是消费者采购商品,绝大部分是属于冲动性的购买,即消费者本来不想买这样的商品,却在闲逛中受商品的包装、内容或特卖活动等因素的影响而购买。所以,让消费者在超市滞留时间越长,购买的可能性与购买数量就越大。因而,超市卖场布局规划要尽量合理,以加长消费者在卖场的时间。要达到这一目的需要认真分析以下几方面的问题:

1. 陈列商品的特点。
2. 商品陈列的位置。
3. 商品陈列的形式。
4. 商品陈列的量以及陈列的面。
5. 商品的色彩组合。
6. 照明与销售现场(POP)广告。

三、空间最有效的利用

超市卖场是有空间限制的,那么我们应怎样在有限的空间内做到"无限",即怎样使空间得到最有效的利用呢?这里有几点需要充分考虑:首先,商品的陈列摆放要合理,让消费者方便选购的同时,要尽量压缩空间以备摆放更多的商品;其次,不要出现死角(所谓"死角",一是指顾客不易到达的地方,二是指不能通向其他地方而只能回折的区域),死角使顾客无法看到陈列商品,或使顾客多走冤枉路,造成卖场无效益,所以应避免出现。要做到最有效地利用空间,尽量让顾客在店内比较自由地行走,需作好以下几方面工作:

1. 设计顾客流动线路。
2. 设计通道、尤其是主通道。
3. 设置卖场内磁石点。
4. 按照商品类别合理摆放并清楚标出不同位置商品类别,如反复购买商品,冲动购买商品,连带购买商品在店内的位置。

四、销售氛围力求最佳

在消费意识高涨的时代,消费者的认同感已从单独商品转移到对超市的整体形象。一般而言,销售气氛的营造要从商店的陈列展示、灯光、色彩等着手。卖场的灯光、色彩应列入一家超市企业的整体识别体系内,以创造出自己独特的销售风格。因此,必须考虑到以下问题:

1. 反复购买、连带商品的摆放位置。
2. 新商品、特卖品的陈列位置及陈列形式。
3. 食品的陈列。
4. 生活提案形式的陈列。

第二章
卖场外观设计

卖场的外观设计即其外部形象,是卖场建设的重要组成部分,是静止的街头广告,也是吸引顾客的一种促销手段。好的外观设计既能使消费者有效的识别,又能美化卖场的环境。卖场外观设计的主体主要包括招牌标志、建筑物结构、橱窗、入口、停车场等。

第一节 超市命名

超市的名称不仅仅是一个代号,它也是外观形象的重要组成部分。从一定程度上讲,好的店名能快速地把超市的经营理念传播给消费者,增强超市的感染力,进而带来的是更多的财源。超市命名,应遵循以下几个原则:

一、启发消费者对超市产生联想

启发消费者对超市产生联想原则是指超市

的店名要有一定的寓意，能让消费者从中得到愉快的联想，如"物美"超市，会使顾客联想到超市出售的商品物美价廉。

二、支持店标

超市的店标是指超市中可被识别但无需用语言表达的部分。超市经营者在为超市命名的时候，需要将店标与超市的店名联系起来考虑。当超市的店名能够刺激和维持超市店标的识别功能时，超市的店面识别系统整体效果就加强了。例如，麦当劳就有两个显著的店铺标志，一个是黄色的大写"M"，一个是店前的人物造型"麦当劳大叔"。店标与招牌不是一个概念，不要混淆。

三、暗示商店经营属性

超市的店名还应该能够暗示商店经营商品的属性和类别。显而易见的问题是，店名越是描述某类经营商品的属性，那么这个名称就越难向其他经营范围上延伸。因此，超市经营者在为超市命名时，切勿使超市的店名过分暗示经营商品的种类或类型，否则将不利于企业的进一步发展，超市的店名也因此而失去了色彩。

四、适应市场环境

超市的店名对于相关人群来说，可能听起来熟悉，并使人愉快地对超市产生联想，因为他们总是从一定的背景出发，根据某些他们偏爱的超市特点来考虑该超市。但是，一个以前对此一无所知的人第一次接触到这个名字，她会产生怎样的心理反应呢？这就要求超市的店名要适应市场，更具体地说是要适应该市场上消费者的文化价值观念。超市的店名不仅要适应目前目标市场的文化价值观念，而且也要适应潜在市场的文化价值观念。

文化价值观念是一个综合性的概念，它包括风俗习惯、宗教信仰、民族文化、语言习惯、价值观念、民间禁忌等。不同的地区具有不同的文化价值观念。因此，超市经营者要想使超市进入新市场，首先必须入乡随俗，有一个适应当地市场文化环境并被消费者认可的店名。不同的国家和地区，在文化上具有很大的差别。比如，同样的植物或动物，在不同的国家和地区具有不同的象征意义。例如：菊花在意大利被视为国花，但在拉丁美洲，有的国家则视菊花为妖花，只有在送葬时才会用菊花供奉死者，法国人也认为菊花是不吉利的象征；仙鹤在我国与日本都被视为长寿的象征，而在法国则被认为是蠢汉或诬妇的代表；熊猫在我国乃至世界上多数国家和地区均颇受欢迎，是"和平"、"友谊"的象征，但在伊斯兰教的地区，消费者则忌讳熊猫。

鉴于此，超市策划者在为商店命名时，应本着适应性原则，把眼光放远一些，给商店起一个被目标市场认可的名字，这样才有利于超市连锁化的发展。

五、受法律保护

超市经营者还应注意，绞尽脑汁得到的超市店名一定要能够注册，从而受到法律的保护。要使超市店名受到法律的保护，必须注意以下两点：

1. **该超市的店名是否侵权**

超市经营者要通过有关部门，查询是否已有相同或相近的超市店名被注册。如果有，则必须重新取名。美国有一家专卖"伊丽莎白·泰勒热情"香水的连锁店，销售业绩非常好，但其连锁店发展到第55家时，就被迫停业。因为它的竞争者之一，一家产品叫"热情香水"的店，起诉了该连锁店，最后"伊丽莎白·泰勒热情"连锁店不得不改弦更张，重新命名，计划的广告促销活动也随之消失。

2. 该超市的店名是否在允许注册的范围之内

有的超市的店名虽然不构成侵权,但仍无法注册,难以得到法律的有效保护。如 1915 年以前德国商标法规定,有数字内容的商店名称是不能注册登记的。超市经营者应向有关部门或专家咨询,询问该超市店名是否在商标法许可注册的范围内,以便采取相应的对策。

六、易读、易记

这一原则是对超市店名的最根本要求,超市的店名只有易读、易记才能高效地发挥它的识别功能和传播功能,如"物美"超市。那么如何才能做到这一点呢?这就要求超市经营者在为超市命名时,做好以下几点:

1. 简洁

店名简洁明快,易于与消费者的信息交流。店名越短,就越有可能引起顾客的遐想,因而含义会更加丰富。绝大多数知名度较高的超市的店名都是非常简洁的,这些名称多为 2~3 个音节。

2. 独特

店名应具备独特的个性,最忌讳雷同,避免与其他超市的店名混淆。日本索尼公司(SONY)原为"东京通信工业公司",本来想取该名称的前三个字的第一个字母组成 TTK 作为新名称。但产品将来要打入美国市场,而美国的这类名称多如牛毛,如 ABC、RCA、NBC 等。公司经理盛田昭夫想,为了企业的发展,产品的名称一定要风格独特、醒目、简洁,并能用罗马字母拼写。再有,这个名称无论在哪个国家,都必须保持相同的发音。遵循上述想法,盛田昭夫查了不少字典,发现拉丁文中

"SONUS"是"SOUND"（英文，意为"声音"）的原型；另外，"SONNY"一词非常流行，是"精力旺盛的小伙子"、"可爱的小家伙"之意，正好有他所期望的开朗、乐观的含义。同时，他又考虑到该词如果按照罗马字母的拼音，发音正好与日文中"损"字相同，这将引发不利的产品联想。突然，盛田昭夫灵机一动，将"SONNY"中一个字母去掉，变为"SONY"。盛田昭夫将"SONY"作为公司生产的所有产品的注册商标，并将公司名称由"东京通信工业公司"改为"SONY公司"。今天的SONY公司财运亨通，已成为消费者喜爱、信赖的名牌商标。这也许与独特的公司名称及其美好涵义有一定的关系。

3. 新颖

这是指超市的店名要有新鲜感，迎合时代潮流。如柯达（Kodak）一词在英文字典里根本查不到，本身也没有任何含义，但从语言学角度讲，"K"音如同"P"音一样，能够给人留下深刻的印象，同时"K"字的图案新颖独特，消费者第一次看到它，往往眼前一亮，会更进一步加深消费者对"Kodak"的记忆。

4. 高气魄

这是指超市的店名要有气魄，起点高，具备冲击力及浓厚的感染色彩，给人以震撼感。如珠海的"海蓉贸易公司"，为了使其生产的服装打入国际市场，公司决定改名。通过对几个方案的比较，最后决定用"卓夫"作为公司的名称。"卓夫"是英语"Chief"的音译，英文含义为"首领""最高级的"；中文含义为"卓越的丈夫"。中英文合二为一，演绎出一种高雅、俊逸、不同凡响的风格。

5. 响亮

这是指超市的店名要上口，发音拗口或者音韵不好的字，都不宜做店名。响亮的店名易于流传，也易于扩大知名度。

第二节 招　　牌

一、招牌类型

招牌就像人穿的衣服一样，一件漂亮、独特、时尚的衣服总能吸引人们的眼球。超市招牌是超市的门户，它也是超市的重要宣传媒体之一，它具有很强的指示与引导功能，在客观上要起到宣传的功效，这就要求它的设计能达到消费者对企业的经营内容与特色一目了然。

同时，招牌也是一个超市店铺区别于其他店铺的重要工具，是超市的象征。顾客对于一个超市的认识，往往是从接触超市的招牌开始的。它是传播超市形象，扩大超市知名度、美化环境的一种有利手段。招牌内容一般包括超市的名称、超市的标志、超市的标准色、超市的营业时间等。超市招牌有很多种类型，一般按照形式和载体进行分类。

1. 按形式分类

（1）形象型。虽然超市招牌很少采用形象型，但若与店名结合起来恰如其分地运用形象设计，则能给超市增色不少。

（2）照明型。运用灯箱或霓虹灯做招牌，以玻璃光管制作成文字或图案，夜间光彩夺目，使人在较远的地方也能一目了然，可增强吸引力。

（3）文字型。一般用木块或塑胶盒子制作，铸模的字体，只写上店名和经营品种,简单明了,投资较少。有时为了让招牌在夜间也能看见,通常还在顶部装上荧光灯,用以照明。

(4)文图型。有些超市除在其招牌上标有店名和经营的商品外,还设计店徽。运用这种具有高度概括行业名称和特点的店徽,能扩大商场的影响,增强顾客的记忆,起到画龙点睛的作用。

除以上几种外,招牌设计还有其他形式,但都必须注意与门面的协调,其悬挂部位和规格应与商店建筑物和地理位置相适应。招牌一般设置在店面正上方的平行位置,也有的与店面垂直立于侧面,有的设置于人行道上,以增加对行人的吸引力,也有的悬挂于超市正面或侧面的墙上。如果超市处于交叉路口,最好每侧上方均安置有招牌,使来自不同方向的行人均能从远处看到。我们还经常可看到超市的招牌被设计成两面或三面的,也是便于不同方向迎面而来的路人看到。还有一些超市在遮阳篷或遮雨篷上施以图文,使之成为招牌。

2. 按载体分类

(1)广告塔。即在超市建筑顶部竖立广告牌,以其来宣传自己的店铺、吸引消费者。

(2)壁面招牌。即放置在超市正面两侧的墙壁上,把经营的内容传达给两侧行人的招牌。通常为长条形招牌或选择灯箱形式加以突出。

(3)立式招牌。即放置在超市门口的人行道上的招牌,用来增加超市对行人的吸引力。通常可以用灯箱或商店模型、人物造型等来做招牌。

(4)横置招牌。即装在店正面的招牌,正是超市的主力招牌，通常对顾客的吸引力最强，可通过加置各种装饰，如荧光灯、霓虹灯等，使其效果更加突出。

二、招牌设计原则

1. 简洁醒目

招牌往往是人们不经意间看到的，而且视线停留时间不会太长，因而招牌一定要做到简洁，让人一眼就能知道这是关于什么的招牌。一个成功的招牌，要在瞬间锁住人的注意力并立刻向人传达出自己的内容。

2. 独一无二

在品牌林立的今天，要树立自己独特的品牌是极为重要的一件事。超市招牌林林总总，为避免消费者误会或看错、记错，在设计招牌时一定要使自己的招牌不同于别家的招牌，而且要有很大的不同，要使自己的招牌独一无二。

3. 深入人心

在识别的基础上，更重要的是要使消费者能记住，并留下深刻印象，这样才会给自己更多的招徕顾客的机会。因此，在设计招牌时，要考虑到怎样做才能使消费者对自己的招牌记忆深刻，以后购物时首先就能想到这一招牌。这样的招牌才是我们超市想要的招牌。

4. 温馨明亮

消费者对于招牌的识别往往是先从色彩开始再过渡到内容的。所以招牌的色彩在客观上能起到吸引消费者的巨大作用。因此，在色彩选择上应做到温馨明亮，而且醒目突出，使消费者过目不忘。一般应采用暖色或中间色调，如红、黄、橙、绿等色。

三、在具体制作招牌时需要考虑的因素

1. 招牌的色彩

在招牌制作时,招牌的色彩要依据温馨明亮的设计原则,同时还要注意各色调间的恰当搭配。

2. 招牌的内容

超市招牌的内容要求在表达上简洁突出,而且字的大小要考虑到中间距离的传达效果,具有良好的可视度及传播效果。

3. 招牌的材质

招牌要使用抗风、耐雨、耐久的坚固材料,如金属、石料、塑料、木材等,以灯箱来作招牌。在各种材质选择时,要注意达到全天候的视觉识别效果,使其作用发挥到最大。

第三节　建筑物的结构

超市建筑的结构纷繁复杂,从国外到国内,从大都市到小城镇,其结构更是大不一样。但从楼层上看,可分为单层式和多层式2种。

一、单层式

就是指超市卖场在一个楼面上,或一个层面上,所有的商品都摆放陈列在这一层上。消费者从进入此卖场,到选购自己所需的物品,再到交款出卖场,都在同一层完成。单层式相对于多层式,其优势在于能使消费者对卖场结构、商品一目了然,使消费者比较省事省力,不用在一个超市里爬楼去采购自己所需的物品。但是单层式也有一定的缺陷,因为所有的商品都在同一层上,所以消费者在卖场内停留的时间也许不会太长,就直接到出

口了。

二、多层式

顾名思义，多层式就是指超市卖场分布在不同的楼面上，等于或者多于两层。随着零售业发展的突飞猛进，以及规模扩大化的趋势，超市卖场越来越多地朝着多层式发展。多层式的优势在于使消费者在店内停留较长。因为如果顾客要到更高的楼层上去选购商品，就必须得从下层经过，就有可能会去看一些原本不在购买计划内的商品，从而增加了顾客的购买率。但多层也有多层的弊端，也许部分顾客因为时间紧张，不愿一层一层地慢慢看，而是直接到其他超市去购买自己需要的物品。

但一般而言，目前的超市仍然一般不超过2层，这主要是为了方便顾客购物，也有部分超市是超过2层的。

第四节 出入口设计

一、设计的原则

超市出入口的设计是超市卖场布局的第一件事。一般来说，招牌吸引了顾客的注意力，而入口则引导着顾客进入店铺。选择一个好的入口将是决定着进入超市顾客流量多少的关键。超市在选择市场入口时，应根据行人的流动路线，选择行人经过最近、最多的方向与位置。超市的入口与卖场内部的配置关系紧密，在布局时，应以入口设计为先，对于一些开设在楼上或地下室的超市，其入口都要有醒目的标志，以便于顾客进入超市购物。总的原则是便于顾客出入，顺畅客流。具体要注意以下几点：

1. 出入口一定要方便顾客进出

因为超市的出入口既有出店的顾客又有进店的顾客。所以必须排除超市门前的一切障碍。如果超市门前安排不好，杂乱无章，进入店内就很困难。特别是店员在超市门前接待，跟随来店的顾客进入店内，就更加困难。

2. 出入口大小设置要考虑当地气候情况

一般情况下，应尽可能地避开季节变化的影响，但是不同的季节还应略有不同。在寒冷的地区或寒冷的季节里，开放程度应当小一些。冬天可把门集中到超市的中央，研究开放两边的门的方法。夏季可以把门全部取下，放在侧面的门架上，不要让门挡住超市。

3. 要考虑太阳照射的问题

由于日光照射会引起商品变色、变质。在怕灰尘的门店，开放度大了，商品容易蒙上灰尘。在这样的门店里，摆放商品时，要根据超市门店的外部装饰，注意克服灰尘污染等缺点。

4. 出入口选择应依据行人流动路线

车水马龙的大马路边不宜设口，行人川流的步行街是设口的好位置。所以，出入口设置务必以对人流量、路线选取规律、目光辐射取向调查为基础，把门开在行人最多、路径最顺畅、最引人注目的地方。

超市的出入口门槛应与街面在同一水平线上，很多顾客都不愿光顾高于或低于街面的超市。超市的入口不可设置得过深过窄，顾客出入不便，也会影响客源。

5. 出入口要能清楚地看见超市门店的内部

陈列商品要有强烈的吸引力，以便引起顾客的购买欲望。

6. 保持通道的顺畅

有的超市商场把门前用玻璃挡起来,这种做法不好。拐角的橱窗和特价台也妨碍进入。通道狭窄,顾客就难以进入店内。

7. 入口标志要鲜明

对于一些开设在楼上或地下的超市商场,其入口应设立醒目而有特色的标志,并采取人员促销等方式克服出入口的"先天不足"。

8. 入口处一定要通畅

并与主通道连接,这样保证没有死角,使顾客尽可能转遍整个商场。如图2—1所示为入口与出口的关系。

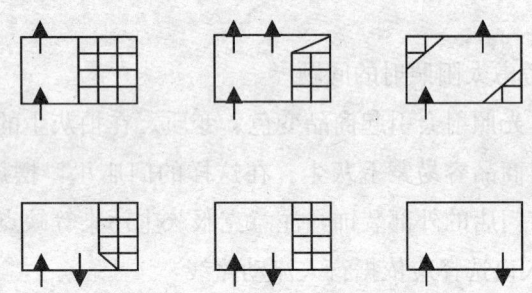

图2—1　入口与出口的关系(格子部分表示死角)

二、出入口设计类型

超市出入口的具体设计,这里介绍几种常见的类型:

1. 封闭型

入口尽可能小些,面向大街的一面,要用陈列橱窗或有色玻璃遮蔽起来。顾客在陈列橱窗前大致品评后,进入超市内部,可以安静地挑选商品。在经营金银器、宝石等商品为主的高档消费品商场,因为不能随便把顾客引进店内,又要顾客安静、愉快地选购商品,所以这种类型是很适用的。这些商场大都店面装饰豪华,橱窗陈列讲究,从店面入口即可给顾客留下深刻印象,又能使到这里消费的顾客具有与一般大众不同的优越感。

2. 半开型

入口稍微小些,从大街上一眼就能看清店内部。倾斜配置橱窗,使橱窗对顾客具有吸引力,尽可能无阻碍地把顾客引到店内。在经营化妆品、装饰品、服装等商品的中级门店,这种类型会比较适合。购买这类商品的顾客,一般都是从外边看到橱窗,对商店经营的商品发生了兴趣,才进入店内,因而开放度不要求太高,顾客在商店内就可以安静地挑选商品。

3. 全开型

是把商店的前面,面向马路一边全开放的类型,使顾客从大街上很容易就能看到商店内部和商品。顾客出入商店没有任何阻碍。出售水果、蔬菜、食品等日用品的门店,因为是经营大众化的消费品商,所以很多都用这种类型。因为这种类型,前面很少设置障碍物,在店内要设置橱窗,前面的柜台要低些。当然,不要把卖场内塞得太满,以免影响顾客的购买情绪。店前不要放自行车、摩托车等,以免堵住店门,影响顾客出入。

4. 出入分开型

即出口和入口通道分开设置,一边是入口,顾客进来后,必须走完整个商场才能到出口处结算,这种设置对顾客不是很方便,有些强行的意味,但对商家管理却是非常有利,有效地阻止了商品偷窃事件的发生。这种出入口设置往往适用于经营大众化商品的门店。一些著名的外资零售企业,如家乐福等,便是采用这种设计。也有一些商场,由于商品陈列和营业厅的配置有些困难,一般都把一面堵起来。这种类型对顾客的接待效率也很高。

三、大型综合超市卖场的出入口设计

国外跨国企业的大型综合超市在设计超市卖场时,将出入口完全分开。例如美国沃尔玛购物广场、法国家乐福超市。

例:某沃尔玛购物广场的出入口设计。某沃尔玛在设计卖场布局时,分为上下两层,将入口处设计为从二层卖场入口,将一层卖场设计为出口,具体示意图如图2—2所示。其特点之一是出口和入口不在同一层。

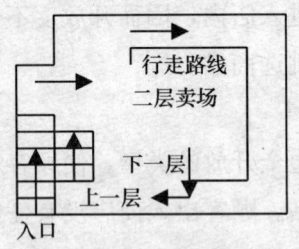 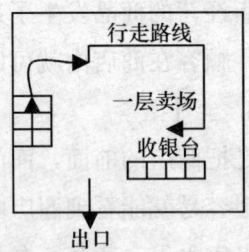

图2—2 沃尔玛卖场出入口示意

与沃尔玛恰恰相反,某家乐福超市出入口的设计则是将入口处直接设在一层,而将出口处设计在二层。如图2—3所示。

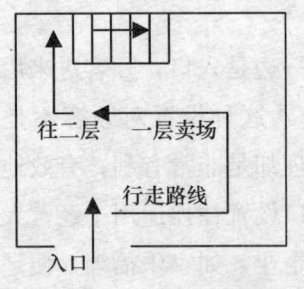 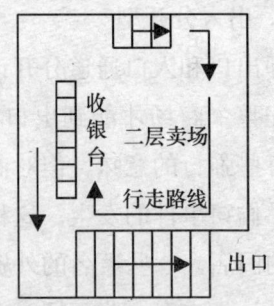

图2—3 家乐福卖场出入口示意图

第五节 超市橱窗设计

橱窗展示是商品陈列宣传的重要手段，临街橱窗对于展示超市的经营类别、推销商品、吸引消费者购买意义重大。目前，室内橱窗也越来越为企业所重视。下面主要介绍超市临街橱窗及其设计的主要内容。

一、超市橱窗陈列的方式

1. 综合式橱窗陈列

综合式橱窗陈列是将许多不相关的商品综合陈列在橱窗内，以组成一个完整的橱窗广告。这种橱窗陈列由于商品之间差异较大，设计时一定要谨慎，否则就会给人一种"什锦粥"的感觉，综合式陈列方法主要有：

（1）横向橱窗陈列。将商品分组横向陈列，引导顾客从左向右或从右向左有秩序地观赏。

（2）纵向橱窗陈列。将商品按照橱窗容量大小，纵向分布几个部分，前后错落有致，便于顾客从上而下依次观赏。

（3）单元橱窗陈列。用分格支架将商品分别集中陈列，便于顾客分类观赏，多用于小商品。

2. 系统式橱窗陈列

大中型超市的橱窗面积较大，可以按照商品的类别、材料、用途、性能等因素将商品分别组合陈列在一个橱窗内，这就是系统式橱窗陈列。这种方法又可具体分为以下几种：

（1）同质、同类商品橱窗陈列。即同一类型同一质料制成的商品组合陈列，如自行车、冰箱橱窗。

（2）同类不同质商品橱窗陈列。即同一类别不同原料制成的商品组合陈列，如珍珠霜、杏仁蜜组成的化妆品橱窗。

（3）同质不同类商品橱窗陈列。即同一质料不同类别的商品组合陈列，如羊皮包、羊皮鞋等组合的羊皮制品橱窗。

（4）不同质不同类商品橱窗陈列。即不同类别、不同制品却有相同用途的商品组合陈列，如乒乓球、球拍、棒球、网球组成的运动器材橱窗。

3. 专题式橱窗陈列

专题式橱窗陈列是以一个广告专题为中心，组织不同品牌或同一品牌、不同类型的商品进行陈列，向媒体大众传输一个诉求主题。例如：丝绸之路、节日陈列、绿色食品陈列等。这种陈列方式多以一个特定环境或特定事件为中心，把有关商品组合陈列在一个橱窗中。它又可分为以下几种：

（1）事件陈列。以社会上某项活动为主题，将关联商品组合在一起的橱窗。如大型运动会期间的体育用品橱窗。

（2）场景陈列。根据商品用途，用有关联性的多种商品在橱窗中设置成特定场景，以引发顾客的购买行为。例如，将有关旅游用品设置成一处特定的旅游景点场景，以吸引过往顾客的注意力。

（3）节日陈列。以庆祝某一个节日为主题组成节日橱窗专题。例如，圣诞节以圣诞礼物、圣诞老人模型等组成橱窗，中秋节以各式月饼、黄酒等组成的橱窗，既宣传了商品，又渲染了节日的气氛。

4. 特写式橱窗陈列

特写式橱窗陈列是运用不同的艺术形式和处理方法，在一个橱窗内集中介绍超市的某一商品。这类陈列适用于新产品、特色产品的广告宣传，主要有单一商品特写陈列和商品模型特写陈列2种形式：

（1）单一商品特写陈列。在一个橱窗内只陈列一件商品，以重点推销该商品，如只陈列一台洗衣机或一部手机。

（2）商品模型特写陈列。即用商品模型代替实物陈列，多适用于体积过大或过小的商品，如汽车模型、香烟模型橱窗。某些易腐商品也适用于模型特写陈列，如海鲜、水果等。

（3）季节式橱窗陈列

季节式橱窗陈列是根据季节变化把应季商品集中进行陈列。如春末夏初的凉鞋、草帽、夏装展示；冬末春初的风衣、羊毛衫展示等。这种手法满足了顾客应季购买的心理特点，有利于扩大销售。

商店的橱窗多采用封闭式，以便充分利用背景装饰，管理陈列商品。方便顾客观赏。橱窗规格应与商店整体建筑和店面相适应。

橱窗底部的高度，一般离地面 80～130 cm，以成人眼睛能看见的高度为好。所以大部分商品可从离地面 80 cm 的地方进行陈列；小型商品从 100 cm 以上的高度进行陈列；洗衣机、电冰箱、自行车等大件商品可陈列在离地面 5 cm 的部位。

超市经营者可根据超市规模的大小、商品的特点、橱窗结构、消费者需求等因素，选择具体的橱窗陈列形式。

二、超市橱窗的设计要求

超市的经营者在设计橱窗陈列时，必须遵循以下几点要求：

1. 季节性商品要按照目标市场的消费习惯陈列

相关商品要相互协调,通过排列的顺序、形状、底色、层次及灯光等来表现特定的诉求主题,营造一种气氛,使整个陈列成为一幅具有较高艺术品位的立体画。

2. 橱窗陈列要反映出超市的经营特色

使媒体受众看后产生兴趣,并想购买陈列的商品。

3. 要有一定的"艺术美"

橱窗实际上是艺术品陈列室,通过对广告产品进行合理搭配,进而展示商品美。它是衡量超市经营者文化品位的一面镜子,是超市企业展示环境文化和道德文化的一个窗口;它是超市的脸谱,顾客对它的第一印象决定着顾客对商店的态度,进而决定着顾客的进店率。

三、超市橱窗的制作要求

超市橱窗陈列具有特殊的立体空间,要求制作者注意以下几点:

1. 背景要求

背景是橱窗广告制作的空间,对背景的要求,类似室内布置的四壁。形状上,一般要求大而完整、单纯,避免小而复杂的烦琐装饰。颜色上,尽量用明度高、纯度低的统一色调,即明快的调和色(如绿、蓝、粉等色)。如果广告宣传商品的色彩淡而一致,也可用深颜色作背景(如黑色)。总之,背景颜色的基本要求是突出商品,而不要喧宾夺主。

2. 灯光要求

光和色是密不可分的。按舞台灯光设计的方法,为橱窗配上适当的顶灯和角灯,不但能起到一定的照明作用,而且还能使橱窗原有的色彩产生戏剧性的变化,给人以新鲜感。对灯光的一般要求是光源隐蔽、色彩柔和，避免使用过于复杂、鲜艳的色光。尽可能在反映商品本来面目的基础上，给人以良好的心理印象。例如，食品橱窗广告用橙黄色的暖色光，更能增强人们对所做广告食品的食欲；而家用电器橱窗陈列，则用白、蓝等冷色光，能给人一种科学性和尊贵的心理感觉。

值得注意的是，现代橱窗陈列的布局更加强调其立体空间感和空间布置的肌理对比。例如，由于商品的摆放多集中于橱窗的中下部，上部空间往往利用不足，此时便可以利用悬挂装饰物的方法来增加其空间感。另外，装饰物、背景和橱窗底面的材料也应充分讲求与广告商品的肌理对比。例如，电冰箱橱窗陈列以皮、毛类材料做背景，颗粒材料做底面，更能突出电器产品的表面金属质地感。

3. 道具要求

道具包括布置商品的支架等附加物和商品本身。支架的摆放越隐蔽越好。现在常用有机玻璃和无机玻璃材料做支架。如果是服装模特道具，其裸露部分如头脸、手臂、腿等部位的颜色和形状，也不一定同真人一样，可以是简单的球体，灰白的色彩，或者干脆不用头脸，这样反而比真人似的模特更能突出服装本身。

商品的摆放要讲究大小和色彩对比，其构图及背景色彩，都可以先在纸上画出平面或立体效果图，以突出广告商品为原则，同时注意形式上的美感。

商品名称、企业名称和简捷的广告用语，可以安排在台架上，也可悬挂起来或直接粘贴在橱窗玻璃等突出的部位。一个橱窗最好只做某一厂家的某一类产品的广告。

还有的橱窗陈列设计利用旋转、振动、滚动的道具，给静止的橱窗布置增加了动感,或者利用大型彩色胶片制成灯箱,制作一种新颖的画面,等等。总之,随着科学的发展和设计思想的更新,现代橱窗广告制作在形式、内容等方面都在不断充实,其醒目程度日益提高。但是,如果在设计制作上只注重形式上的变化,而忽略了广告宣传的真正目的而造成喧宾夺主的后果,这样的橱窗设计是不成功的。

第六节 停车场设计

停车场有一定容量,当然最好是免费停车场,是超市店面设计的一项基本考虑因素,它有助于提升超市的竞争力,扩大销售额。但是,修建停车场需要投入相当大的资金,因此停车场规模必须坚持适当超前的原则。各国超市在确定停车场的标准上存在一定差别,我国超市确定停车场面积需要从营业面积、地理位置等方面进行综合考虑,由于我国私人汽车的普及率目前还比较低,因此,停车场的面积不宜太大。

有人认为,停车场与商店区域面积保持 5∶1 的比例是比较适当的,但是城市住宅区的顾客,在 1 km 左右商圈内往来时,是不需要停车场的。由于我国目前拥有私人汽车的比例较低,超市在设计停车场的同时,还必须设置自行车存放位置,这是十分重要的。其规模大小要根据日客流量及顾客使用各种交通工具的比率等各种因素来确定。

停车场设计要便于顾客停车后顺利地进入超市,购物后又能轻松地将商品转移到车上,这是对停车场设计的总体要求。超市停车场通常要临近路边,易于进出,入口处的通道要与场内通道自然相通，场内主干和支干通道宽度以能让技术不十分熟练的驾驶者安全地开动车辆为宜，步行道要朝向商店，场院内地面应有停车、行驶方向等指示性标志，主停车场与商店入口应在180度范围内，便于顾客一下车就能看到商店。

案例分析

一、失败的招牌命名

1. 不可一世的霸气横行

一些企业家们似乎希望自己的超市从一开始创业就能独领风骚、独占鳌头，取得霸主的地位，于是试图用招牌的气势来压倒对手，进而便使用"王""霸"当头，这种横行于商界的"霸"道，实际上体现出商家内心唯我独尊、妄自尊大的不良心态。他们拒绝给同行以生存的空间，完全把商场看成是有你无我的决斗场，并不着力从商品特色上下工夫，创造出具有独创性的品牌，来求得整个行业的共同发展。更何况，市场霸主地位的夺得，也并非一朝一夕之功。我们的消费者是不会为"霸"名所屈服的，更不会被它吸引。人们更希望看到和听到充满亲情、感人的东西和声音，如"家""乐""福"等。

2. 怪味的粗俗现象

一些企业在给招牌取名时，为了猎奇，专拣一些冷僻、怪味、粗俗的字眼，似乎不这样就无法引起消费者的注意。企业寻找一些新鲜的字眼给招牌取名是可以理解的，这也是为了在顾客心中留下深刻的印象。然而，招牌名称既能反映企业形象，又能反映企业经营者的素养。一些企业不在管理上下工夫，也不深入研究中华民族文化的精髓和中国受众的接受心理,却一味走入"怪""俗"的怪圈,难以自拔。使用这些不雅名称的企业没有意识到它的危害性,反而津津乐道于它的"奇""新",是很可悲的。

3. 盲目地追崇洋名

在命名上,有一个令人不解的现象,那就是许多企业一味地追求牌名"洋化",洋名与中国文化品牌相比,不便于消费者理解和记忆。我们的企业为什么要丢弃传统文化优秀的东西,而盲目地追求"洋化"呢?其实,中国古老的文学宝库中有无数精华等着我们去开发吸取,只要采撷一两朵,已够企业受用无穷。又何必舍近求远,而且吃力不见得就讨好。

二、几种类型超市的出入口设计

1. 日用杂品商店

店铺的开放程度可以采取全开放的原则。因为购买这类商品的顾客并不太关心橱窗的陈列,而希望直接见到商品和价格。

注意事项:

经营此类商品的超市不必设置橱窗陈列、特价台,以免堵塞入口,使之很难看到商店的内部,反而不如把前面的陈列台弄得低一些,使顾客能看到超市内部全貌。

2. 专卖店

经营金银首饰、宝石、高级照相器材等贵重商品的超市或商场,原则上应采用封闭型店铺。

注意事项:

(1) 橱窗等不必太突出,也不必从外面看到店内。

(2) 店铺的外观要豪华,给顾客足够的信任感。

（3）店内要美观，要使在这里购物的消费者具有与众不同的优越感，觉得在这样的店内购物是很自豪很惬意的事情。

3. 日用必需品超市

主要指销售装饰品、服饰的超市或商场，它的顾客一般预先都有购买商品的计划。在这个范围内，目标是买到同自己的兴趣和爱好一致的商品。一般是顾客从外面看到橱窗，对店内的商品感兴趣，停下脚步，愉快地进入店内。

# 第三章
卖场内部设计

任何一个超市的外观设计都必须与良好的内部环境相统一、相配套。内部环境是超市卖场建设的重要组成部分，它具有很强的促销功能。幽雅的店内环境能使顾客在购物的同时，享受休闲的乐趣，同时能使超市的员工保持愉快的心情，有助于减轻疲劳，保持良好的工作热情和态度。

第一节　店面区域划分

店内环境的布局设计主要包括店内面积的分配、区域分割、顾客通道和安全通道的设置，以及各种销售设备的摆放等。一般来说，一个超市的店面区域可划分为4部分，即：售货区、辅助区、储存区、加工区。储存区和加工区有时也可合并为储存加工区。

一、售货区

售货区是经营者对营业场所所做的最初的区分。是顾客选购商品、交款、存包的区域，有时还包括顾客服务台、休息室等。售货区域的面积一般占总面积的60%～80%。国内安排营业面积时，有的总是尽量扩大商品的占用面积而压缩顾客的占用面积，过道面积太小，顾客总是挤来挤去，是不适当的。

1. 烘焙制品部

许多超市都将烘焙制品组设置在第一位置上，或靠近入口处，如图3—1所示。这是因为相当一部分顾客需要购买面包等食品。这样配置可使顾客首先在烘焙制品部选购，防止出现忘购的现象。但有一个缺点，就是顾客先购买到的烘焙制品，可能会被后来购买的商品挤压，但相信顾客会自行解决这一问题。

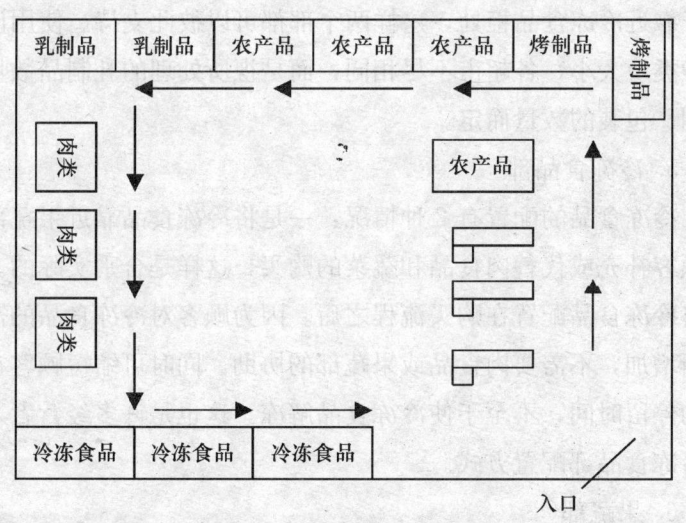

图3—1 超市售货区域划分

2. 肉食品部

售货区域内的肉食品部，通常都是沿超市的某一墙边而设置。肉食品可吸引顾客游遍整个商场，进而增加商品销售额。同时，自助式肉食品柜也应靠近工作区域，这样能够方便工作人员存放，使产品从工作区能够迅速而顺利地移至售货区。

3. 杂货部

超市普遍采用的排列方式，是将落地货架与收银台成直角摆放，这样收银员可以照顾整个走道。其他对角线或人字形的排列方式，通常不为顾客或经营者所接受。落地货架排列的设计，目的在于鼓励而不是强迫顾客游遍整个商店。

4. 乳制品部

乳制品部一般是顾客最后购买易腐食品的地方。因此，许多超市都将乳制品沿着与果蔬部相对的墙边设置。乳制品部适宜放置于靠近冷冻食品柜处，这样两个部都可以彼此支持。使用设备的种类及大小，各超市不尽相同，而是视所处理的乳制品数量和切割、包装的数量而定。

5. 冷冻食品部

冷冻食品的配置有 2 种情况：一是将冷冻食品靠近果蔬部方便顾客补充或代替肉食品和蔬菜的购买，这样是合乎实际的。二是将冷冻食品配置在购买流程之后。因为顾客对冷冻食品的需要不断增加，不需要肉食品或果蔬部的协助。同时可缩短顾客在超市的停留时间，不至于使冷冻食品解冻。这也是许多经营者采用的冷冻食品部配置方式。

6. 果蔬部

在购买肉食品后，顾客通常会走到果蔬部选购与肉食品同时食用的商品。因此,许多超市都喜欢将两者放在相邻的区域内。有关果蔬的工作区设计原则与肉食品之类的基本相同,由于大型超市纷纷建立,消费者购买果蔬的选择范围也将随之增大,因此超市必须认真设计,合理布局、安排。

二、辅助区

辅助区是超市内行政管理、放置技术设备的区域,包括各类行政、业务办公室、食堂、医务室及变电、取暖、空调、电话等设备房。原则上讲,辅助区的占用面积不应超过总面积的10%。

三、储存加工区

储存加工区是储存加工商品的区域,包括商品收货区、售前加工区、整理分类间、冷藏室等。其占用面积一般应维持在15%~25%。设置储存区的目的是为了有一个适当的商品储存和准备陈列的场所。储存区设计应利于行走和处理、搬运、寻找商品等。在储存区以内,可借商品组的分隔和存货的适当排列,消除因超量搬运带来的寻找麻烦。

所有超市的主要成本考虑因素就是人工成本,虽然目前都在向自动化方向迈进,但这个问题仍值得认真对待。为消除不必要的走动,尽可能地减少人工成本,超市在进行内部设计时,应该尽量将销售区靠近储存加工处理区域,使之来往方便、进卸货容易。要达到这一要求,就需要采用U字形储存加工处理区域,如图3—2所示。

这种类型的设计,提供了一种能够适应多方面工作和储存的区域。此区域的大小,可随着超市接收商品的数量、商品周转速度、存货数量等因素的变动而给予调整。并且,商店内部不必作过大的变动。

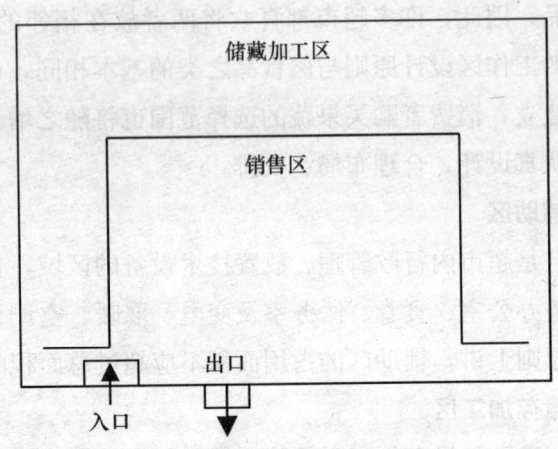

图 3—2　U 字形储存及加工处理区域

U 字形的设计，提供了储存商品最适当的长而狭的空间，其优点是：第一，使用者将商品从输送机搬到储存处或落地货架间的距离最近。第二，按照商品落地货架的排列，更有利于适当地分隔商品的存放。第三，便于存量管理和提高储存效率。美国农业部的一项调查显示，一个长而狭的长方形地区乃是最好的储存形式。狭长的储存区内，区段或商品堆都应该是 2 列平行的，并垂直于墙壁，同时其过道宽度足以使商品方便地搬运。

由于地形的限制，通常还可以采取其他类型的商品储存加工处理区域的设计方法，如后室区储存和地下室储存。

第二节　售货区设计

售货区是消费者购物的场所，保持售货现场光线充足，色彩协调，为消费者创造一个舒适的购物环境，营造良好的购物氛围,对超市的卖场设计是非常重要的。总的来讲,店内的环境应该以简洁、明快为基本特征,以便利消费者,服务消费者为宗旨,突出商品和商店的特点。售货区也叫做货场、柜组商品部,也可直接称作"××区"。售货区的划分,是店内设计与布局要解决的最根本问题。

一、内装修的设计

当消费者由入口进入店内时,首先会环视全场,期待一个明亮、舒适的购物环境。我们知道,消费者的购物,有70%~80%是在悠闲、自由自在的环境中不知不觉地进行的。如果消费者对卖场所展现出来的状况与气氛觉得格格不入,那除了选购必要的商品外,消费者一定会迫不及待地想离开自己不喜欢的环境。这样一来,超市所能销售的金额就会降低很多。卖场的设计不在华丽,而是要给商品及客人适宜的空间。因此,业者必须思考以下几个方面:

1. 与附近的超市比较,内装修是否更醒目、更突出;
2. 墙体的状态是否良好;
3. 墙面是否有效利用;
4. 空间是否充分利用;
5. 店内视野是否良好;
6. 墙上所做的广告效果如何;
7. 天井的高度是否适当;
8. 天井和柱子的利用是否充分;
9. 地面的功能是否充分利用;
10. 柜台及服务台的设置是否恰当;
11. 各项商品贩卖场所的分配是否合理。

二、通道

超市的通道是指顾客在卖场内购物行走的路线。通道设计是否合理直接影响到顾客能否顺利地购物，影响到超市的商品销售业绩。超市卖场中的通道可分为直线式通道和回型式通道两类。

1. 直线式通道

直线式通道也被称为单向通道。如图 3—3 所示，此通道的起点是卖场的入口，终点是超市的收银台。顾客依货架排列的方向购物，以商品陈列不重复、顾客不走回头路为设计特点，使顾客在最短的线路内完成商品购买行为。

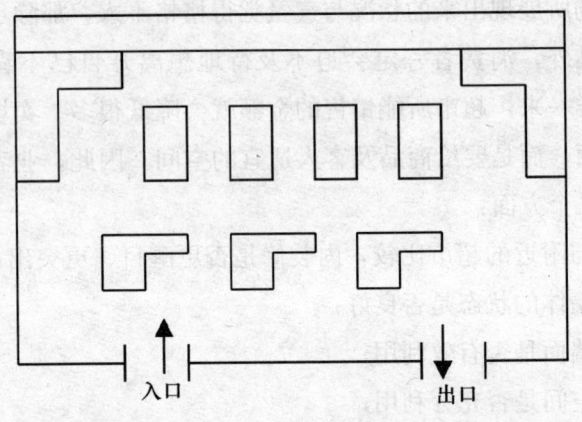

图 3—3　超市直线式通道

2. 回型式通道

回型式通道又称环型通道。通道布局以流畅的圆形或椭圆形按从右到左的方向环绕超市的整个卖场，使顾客依次浏览商品、购买商品。在实际运用中，回型通道又分为大回型通道和小回型通道。

(1) 大回型通道。这种通道适合于营业面积在 1 600 m² 以上的超市。如图 3—4 所示,顾客进入卖场后,从一边沿四周回型浏览后再进入中间的货架。它要求卖场内部一侧的货位一通到底,中间没有穿行的路口。

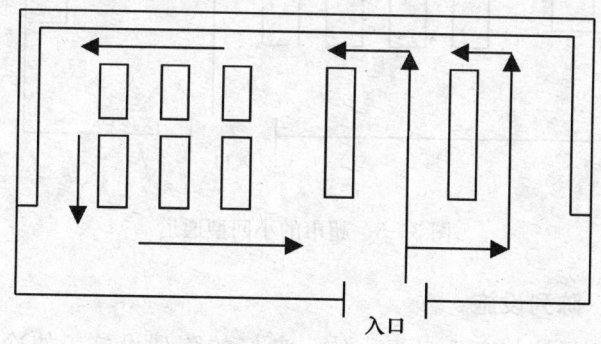

图 3—4 超市的大回型通道

(2) 小回型通道。它适用于营业面积在 1 600 m² 以下的超市。顾客进入超市卖场,从一侧前行,不必走到头,就可以很容易地进入中间货位。如图 3—5 所示,为一种典型的小回型通道。

在设计超市卖场的通道时,应注意通道要有一定的宽度。一般来讲,营业面积在 600 m² 以上的超市,卖场主通道的宽度要在 2 m 以上,副通道的宽度要在 1.2~1.5 m。最小的通道宽度不能小于 90 cm,即两个成年人能够同向或逆向通过(成年人的平均肩宽是 45 cm)。

在设计通道时还应注意不能给卖场留下"死角"。"死角"就是顾客不易到达的地方,或者顾客必须折回才能到达其货位所在地。实践表明,顾客光顾"死角"货位的次数明显少于到其他地方的次数,这是非常不利于商品销售的。

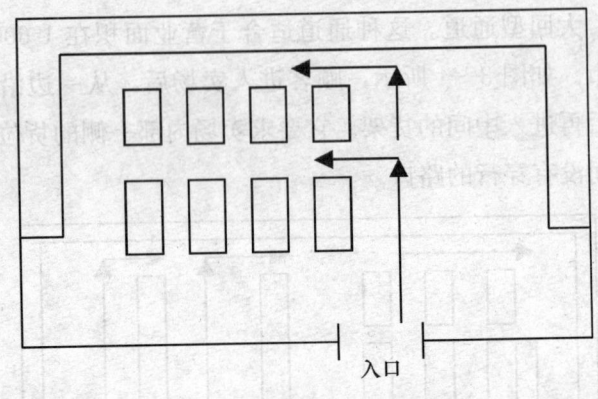

图 3—5 超市的小回型通道

三、陈列设施

陈列设施与商品互为一体。良好的陈列设施，如冷藏冷冻柜，不但能确保商品的鲜度，更能展现出商品的魅力，增加消费者的购物欲望。但冷藏冷冻柜可说是超市最大的投资支出，如果品质功能不好，将增加日后对商品鲜度管理的负担，且会造成无谓的损失，故选用冷藏冷冻柜时，不可贪图便宜或疏忽大意，以免后患。

陈列架也是超市不可或缺的设施。在超市开业前的准备过程中，必须先完成商品的规划，然后依据各项商品的特征以及在卖场的摆放位置，选用不同的陈列架。

通常在小面积的店里，大多采用较矮的陈列架，使空间感觉较为宽敞，并减少压迫感。至于大型的超市，目前也有的完全采用仓库型的货架，这就必须考虑自己的经营政策与方针。

当然还有各式各样的陈列平台以及各种辅助器材，也可视具体情况采用。有关陈列设施，首要考虑的是让商品很容易被看到以及方便取放。其他要考虑的方面有：

1. 陈列橱柜的位置、排列、形态、大小是否适当；
2. 橱柜内的商品看起来是否显眼，购买时是否容易拿取；
3. 陈列架上的商品是否易于挑选、整理；
4. 价目表是否清楚易见；
5. 商品陈列架的高度、宽度是否适当；
6. 陈列架上的商品标示是否一目了然；
7. 陈列架是否清洁明亮；
8. 商品陈列是否考虑到客人的视线与视觉。

四、标示用设施

标示用设施，是指在超市内引导顾客行走、购买商品的设施。它们可以是悬挂在高于人头顶位置的纸制牌子，也可以是贴在墙上的箭头符号，也可以是直接放在过道两旁的斜立的导购图。总之，形式是多样的，但目的只有一个，那就是方便顾客的购买、消费。

标示用设施是超市经营必不可少的设施。因为，在大型超市中，卖场面积大、商品种类庞杂，消费者要购齐自己所需的商品往往会花费很多的时间，而如果还要把时间花在寻找商品上，很容易会让人烦躁、失去耐心，因而有可能会放弃选购一些商品。从当时来看，只是超市少了那几件商品的利润，但从长期来看，可能会失去这一个客户。良好的标示往往可指引消费者轻松购物，也可避免产生死角。标示用的设施主要包括：

1. 进门的超市配置图。它让消费者在进门前就可以初步了解自己所要买的商品的大概位置。
2. 商品的分类标示。现在的超市都有较矮的陈列架，商品的确切位置一目了然。

3. 各商品位置的机动性标示,如特价品销售处悬挂的各种促销海报。

4. 店内广告或营造气氛用的设施。

5. 介绍商品或装饰用的照片。

6. 出入口、紧急出口等引导顾客出入的标示。

7. 各部门的指示标示。

8. 营造气氛用的设施。

9. 广告海报。

五、服务设施

服务设施包括进口处的服务台以及最后结账的收银台。服务台大多位于入口处,通常兼有寄物的功能。收银台位于出口,应依序编号,可根据现场的实际情况采用单线排或双并排的方式。每台收银机每日可处理5万~10万元营业额,我们应依营业计划中的营业预估,事先做好准备。而在开业之初,生意通常是正常状况的3~4倍,所以应争取得到供应厂商的最大支援,以免让消费者久候不耐。

设计服务设施应考虑以下几个方面:

1. 在什么地方提供什么样的服务;

2. 服务设施的位置与设计是否恰当;

3. 卫生间是否够用、清洁、明亮;

4. 是否有让消费者休息的地方;

5. 是否有让小孩游乐的场所;

6. 寄物是否方便;

7. 是否设置伞架、伞套;

8. 是否有充足方便的垃圾筒；
9. 是否设有配合性的专柜，以方便消费者；
10. 是否设有自动提款机。

六、后方设施

后方设施的主要功能是为员工的劳动、生活以及商品的加工处理与进货等提供支持。后方设施也即所谓的"后场"，大部分是员工以及厂商活动的空间，担负着为前场提供支援、补给以及指挥服务的责任。员工们大部分的工作时间也都是在后场里，故其生活所需的设施不可缺。后方设施具体包括以下几个方面：

1. 作业场

作业场是超市从事商品化的场所，也就是将原材料加以分级、加工、包装、标价的场所。在大型超市里通常需有果蔬、水产、畜产以及日用品等加工处理场所，而小型店铺因场地的关系，有时有并用的情形。生鲜食品的作业场应注意温度的控制以及排水的处理，以求合乎卫生条件。当然，位置的安排以及与前场的连接也须引起注意，以求工作便捷与流畅。

2. 有关的生活设施

有关员工的生活设施主要有休息室、卫生间、浴室、食堂等。优良的生活设施不仅有利于员工的招募，更可提高员工的工作效率。生活设施的清洁维护工作是非常重要的一环。

3. 办公室

办公室通常是店长或店内主管办公的场所。此外，店内的财务、人事以及监视系统、背景音乐播放系统等，都应在此管理。

4. 仓库

超市的商品不外乎生鲜及干货两类。对于生鲜食品而言，须有作业处理场；对于干货而言，要有一个仓库，以作为进货后暂时存放的场所。须注意的是后场的仓库仅作为进货至陈列期间进行短暂储存的场所，存放周期应为1～2天。目前由于物流公司的功能越来越强，可为卖场提供较佳的服务，因此后场的仓库面积有逐渐缩小的趋势。

有关仓库规划，最应考虑的是出入是否方便。

5. 器具

后场有关的器具主要有搬运用器具、通信器具、计量用器具、保鲜的设备、商品化的处理设备、包装器材等，其规格及种类繁多，可视实际需要逐次采购。

就整个后方设施的规划，需考虑以下几个方面：

(1) 配置的面积是否适当；

(2) 动线是否流畅；

(3) 设施是否符合安全、卫生的要求；

(4) 员工生活设施是否让员工感觉舒适、充裕；

(5) 办公室处于枢纽位置，是否确实能控制前场和后场；

(6) 仓库的进出是否方便；

(7) 各种器具是否充足；

(8) 作为一个支援区域，整个后场的相关设施是否能激发员工的潜能，发挥效率。

6. 建筑工程

建筑工程主要包括电气设备、给排水设备、卫生设备、煤气设备以及防灾设备等。建筑设施规划应考虑以下几个方面：

(1) 照明是否充足；

(2) 商品的特征与照明效果是否相得益彰；

(3) 照明的效果、商品本身的色彩是否起变化；

(4) 天花板上的日光灯位置是否适当；

(5) 店内的明亮度是否比邻近场所明亮；

(6) 整个卖场的色调是否协调统一；

(7) 照明与色彩是否协调；

(8) 空调的温度、湿度是否适当；

(9) 音乐的选择是否大众化；

(10) 音响效果是否太嘈杂；

(11) 是否有紧急疏散楼梯；

(12) 避难用器材是否齐全；

(13) 是否有紧急求救的警铃设备；

(14) 灭火器是否齐全，是否在有效期内；

(15) 紧急出口是否随时可用；

(16) 是否定期举行紧急应变器材的使用训练；

(17) 是否有卫生防病的措施。

第三节　主副通路设计

超市的通道划分为主通道与副通道。主通道是诱导顾客行动的主线，而副通道是顾客在店内移动的支流。主副通道的设置不是根据顾客的随意走动来设计的，而是根据店内商品的配置位置与陈列来设计的。良好的通道设置，就是能引导顾客按设计的自然走向，走向卖场的每一个角落，接触所有的商品，使卖场空间得到最有效的利用。超市通道设计要遵循的主要原则有：

一、足够宽

适当的通道宽度不仅便于顾客找到相应的商品货位,而且便于仔细挑选,也有助于营造一种宽松、舒适的购物环境。最起码要保证顾客推着购物车能与其他顾客并肩而行或顺利地擦肩而过。一般而言,百货商店的主通道在 1.3 m 以上,副通道在 1.2 m 以上,而超市主通道应该大于这个数,副通道则由于超市面积较小,为了充分利用卖场面积,可以设置得较小。不同规模超市通道宽度基本设定值见表 3—1。

表 3—1　　　　　　超市通道宽度基本值

一层销售场面积	主通道宽度	副通道宽度
100 m^2	1.5 m	0.9 m
300 m^2	1.8 m	1.0 m
1 000 m^2	2.1 m	1.2 m
1 500 m^2	2.7 m	1.4 m
2 000 m^2	3.0 m	1.6 m

二、笔直少拐角

要避免迷宫似的,尽可能以商品不重复、顾客不回头走、笔直的单向道方式设计通道,使顾客在购物过程中不用回头,可一次逛完整个商场。

三、平坦、没有障碍物

通道地面应保持平坦,处于同一层面上,要避免死角,在通道内不陈列、摆设商品或促销器具设备,以免阻断卖场的通道,破坏购物环境。要充分考虑到顾客走动的舒适性和非拥挤感。

四、拉长线路

市场调查结果表明,顾客购物的线路越长,店中停留的时间越多,从而实现的购买额也越大。因为,购物线路延长表明顾客可以看到更加丰富的商品,刺激顾客购买的可能性更大。超市应通过主副通道的设计和商品部的合理配置,拉长顾客的购物线路。

五、收银终点原则

顾客购物线路的设计,应首先让顾客浏览各个商品部和货架,最后应为收银台。收银台应是顾客流动线的终点。这样既可以为顾客最终缴款提供方便,不走弯路,又可以刺激顾客步行一圈后再离开店铺。

第四节 超市设备购置

商店要顺利开业,还需拥有必要数量的物质设备。商店的物质设备,按照使用场所的不同可以分为2部分:用于营业场所的和用于辅助业务场所的。这里主要介绍一下用于营业场所的物质设备,包括空调、收款机与计算机、打码机、购物篮和购物车、冷冻设备、货架。

一、收款机与计算机

收款机是顾客统一付款交易结算点,是超市最重要的经营设备之一,它的作用不仅在于提高销售结算速度,减轻收银员的劳动强度,提高商品销售效率,更为重要的是,它能准确、及时地收集商品和顾客信息,为经营者的经营决策提供有效的信息服务。针对连锁企业要求信息快、付款方式统一、结算方便的特点,收款机的作用显得尤其重要。市场上各种型号、各种功能的收款机很多,超市在选择收款机时要注意:

1. 装纸、换纸方便，收执联自动切纸、打印速度快，字体清晰等功能；

2. 收款机必须可连接多重外部设备，如读卡机、扫描仪等；

3. 保密性能好，忠实记录收银员业务，并可单机工作和联机运行；

4. 必须具有小计、折扣、加成、现金找零、立即更正、退货、作废等功能；

5. 功能齐全，不能为了节省资金而只选用功能单一的收款机，这主要是为了推行终端销售机（POS）信息管理的需要；

6. 收款机设置在出口处，一般按流量每小时通过 200 人最少设一台。

计算机在目前国内商场中使用还不普遍，而主要用于进行库存管理、人事管理和财务管理，但随着现代化管理技术 POS 条形码在我国大城市的连锁商店的应用趋势加强，随着"金卡工程"（信用卡结算系统）的推行，计算机走入各超市、商场营业点已为时不远。

二、打码机

由于许多超市采取的是开架自选、顾客自助服务的售货方式，为方便顾客挑选商品，超市内陈列的每一件商品都必须打出价码，有许多超市的商品还必须打上条形码。如果商品上的价格和条形码都靠人工粘贴，这对营业员来说无疑是一项巨大的工程，还会影响超市的正常营业。因此，超市有必要配置几部打码机，打码机上数字可灵活调整，以适应不同商品不同价位的需要。有些打码机仅能标价，有些打码机能同时将价格和条形码打上，超市应选择功能齐全的打码机，以便超市自编商品条形码时有备无患，为实施连锁超市 POS 条形码管理系统打下基础。

三、购物篮和购物车

一些超市和商场以经营日用品为主，一般顾客的购货量较大，为方便顾客选购商品，通常要在入口处准备一定数量的购物篮和购物车供顾客使用，购物篮和购物车的数量因超市而异，以不引起顾客怨言和纠纷为前提，一般为高峰期进入店内顾客总数的 1/10 到 3/10。超市的营业场所在设计时要考虑到购物篮和购物车所占面积，超市内通道的宽度应包括通行区和活动区，活动区划分在货架旁边，使购买者可以蹲或站着购买商品，还可以在这里装车。同时，通行区要能使两位推车的购买者并排行走。

四、冷冻设备

冷冻设备也是一些超市不可缺少的经营设备，生鲜食品，如水果蔬菜、鲜肉、水产品，还有许多豆制品、果汁、饮料、乳制品和冰淇淋等，都需要放置在冷藏或冷冻柜中暂时保存。随着城市居民生活水平的提高，生活节奏加快，对冰箱的依赖性增强，对食品卫生、制作速度与营养要求地提高，在超市购买生鲜食品、速冻食品的数量会不断增大，超市在设计时应考虑留有足够的空间摆放冷冻设备。冷冻设备一般有敞开式（又称岛式冰柜）和立式 2 种。市场上冷冻设备的型号及牌子有很多种，在选择冷冻设备时要考虑其常用功率、有效容积、外形尺寸、柜内温度、陈列面积等指标是否能符合超市需要。冷冻设备的投资要一次到位，并且要选择质量好的。如果冷冻设备出了毛病，既影响超市正常营业，又会使冷冻食品变质，得不偿失。同时在陈列商品时要遵循先进先出的原则，并使柜内食品一目了然，伸手可及，有些冷冻设备还需安装专用照明灯以方便顾客挑选和查找商品。

五、货架

货架是超市不可缺少的主要物质设备,目前国内大多数超市出售的商品约有70%～80%以货架的形式陈列出来。货架的功能大致可以分为展示、吸引和诱导三个方面。展示使商品具有丰富感,并能使顾客感到非常多彩,趋之而来;具有吸引力,能激发顾客对货架上的商品感兴趣,流连忘返;具有诱导性,能诱导顾客光顾下一个货柜,组织合理的消费流,增加商场的销售额。

第五节 建筑设施

一、空调设备

空调设备也是现代化商场必需的物质设备,营业面积在300 m² 以上的商店都应配置空调机。商店安装了空调设备可鼓励顾客在炎热季节前来购物,有些顾客为了暂时避暑而进店,这样也可增加商品的销售量,而且空调设备还可提高营业人员的士气和效率,有助于保持店内空气和商品的清洁。

此外,经营的大量食品,一些虽不必放入冷冻设备中,但在气温较低的环境中更易保存。在选择空调设备时要注意避免选择中央空调,因投资太大,可以选择国产的柜式或分体式空调,国产空调质量已经过关,价格较低,完全可以满足商场需要。一般来说,小型商店应选择柜式空调,较大型商店应选择分体式空调机。

二、照明

照明是对商场的"软包装",体现着商店在一定时期内的经营思想,也可以向顾客传递信息。商场内明亮柔和的照明,可以准确地传达商品信息,消除陈列商品的阴影,展现商品魅力,美化环境;同时,还可以引导顾客入店,便于顾客选购商品,缩短选购时间,提高效率,加速周转。所以,照明是商场一种经济有效的营销手段。

1. 超市照明的作用

(1) 首先是引导顾客进入商店,在适宜的灯光下挑选商品。商店灯光的总亮度要高于周围的建筑物内亮度,以显示商店的特征,使商店形成明亮愉快的购物环境。如果光线过于暗淡,会显得沉闷,不利于顾客挑选商品,也容易发生销售差错。

(2) 用光线来吸引顾客的注意力。商店的灯光布置要着重把光束集中照射向商品,不可平均使用。可以考虑在商品陈列、摆放位置的上方布置各式的照明设备,使商品变得五光十色,光彩夺目,吸引顾客的注意力。

(3) 商店的照明还可以使商店形成特定的气氛,如愉快、柔和或个性。

2. 超市照明的基本类型

(1) 基本照明。在外面,包括橱窗照明所用的照明灯光、照亮人行道的商店外缘灯光,以及天花板上的灯光。在内部,基本灯光提供店内的照明,包括通道照明灯、电梯指示灯、楼梯灯光以及安全通道指示灯等。基本灯光可以用荧光灯或白炽灯,可以是直接照明也可以是间接照明,这主要视商店类型、所陈列和销售的商品等具体情况而定。如面包店需要间接照射的灯光,强调出面包和各种糕点的柔和的棕色色调等。

基本照明是为了使整个商店各个部分能获得基本的亮度而进行的照明,也是商场最重要的照明。由于许多商场是向消费者提供家居日常用品,且采用消费者自选方式,为了使消费者能看清商品的外观及标价,商店的基本照明要明亮,这样才能吸引顾客。

一般来说,卖场内部照明度要达到 700 勒克斯(lx)(100 瓦的白炽灯在正下方 1 m 距离处的亮度为 100 lx),通常选用日光灯,日光灯管应安扎在天花板内,使天花板形成光面,可以使店内灯光通明。店内照明度不一定平均分配,一般在出入口、主要通道以及营业场所最里面的地方,照明度要有所增强。出入口的照明主要为了达到吸引一般过往行人的注意,诱导他们进入店内;营业场所最里面的照明是为了将顾客进一步引到商品的深处,使他在行走过程中产生购买冲动,这几个关键地方的照明度应达到 1 000 lx 以上。

此外,灯光在天花板上的排列走向十分重要,应与货架保持一致,有个自然走向,这样才能最大范围地照亮商品,消除阴影。

(2) 重点照明。这是为了突出某一特定商品而设置的照明,多采用聚光灯等照明设备。特殊照明是为了突出显示商品,因而要考虑如何吸引顾客的注意力,与商品色彩协调、互相烘托。一般来说,白光易展示商品本色,色光易调节视觉的丰富感;灯光的近效果,使顾客观看清晰,易展示商品的本质;灯光的远效果,易于引起视觉注意,渲染商品外形美。

在百货商店或专卖店,以聚光光束强调珠宝玉器、金银首饰、美术工艺品、手表等贵重精密商品之耀眼,不仅有助于消费者欣赏、选择比较,还可以显示出商品的珠光宝气,给消费者以强烈的高贵稀有的感觉。而在超市,特殊照明主要用于生鲜食品，尤其是瓜果蔬菜和鲜花等，在柔和的有色灯光下，既能起到装饰作用，又能让顾客产生丰富联想，爱不释手。

（3）装饰照明。装饰照明对商店光线没有实质性的作用，主要是为了美化环境、渲染购物气氛而设置的，多采用彩灯、壁灯、吊灯、落地灯和霓虹灯等。一般大型百货商店多使用装饰照明来显示富丽堂皇，而连锁超市如果规模不大，应注重简洁明快。但节假日应适当点缀一下，加在门面上设置企业形象识别（CI）标志特殊的霓虹灯广告牌，能以其鲜明强烈的光亮及色彩给人留下深刻印象。

在安排商品陈列的照明灯光中，超市应该考虑三个问题，即眩光问题、商品照明效果问题和灯的散热通风问题。如果照明光安排不当，会因反射而产生眩光，刺激到顾客的眼睛，使顾客产生厌恶而离开。橱窗灯光安排很少出现眩光问题，因为灯光很少朝外，一般都做隐蔽处理。商店内的情况就不一样了，因为室内装饰镜比较多，都会反射灯光，只要灯光的位置和照射的角度不适当，就会出现眩光。所以，在安排聚光灯时，往下照射的角度，不得超过45°，如果小于45°仍有眩光，可在灯泡脚装置遮光片或百叶窗板，控制灯光照射角度。商品本身的照明问题首先要解决的是必须将商品的真实面貌展现在顾客面前，以方便顾客辨别商品的色彩。因此，商品的照明光必须在亮度和色调上接近于户外的阳光。具有日光色调的灯光可以令照明的商品看上去更漂亮，而又不会改变质地和色彩的表象，所以大部分陈列商品的照明都采用灯丝型的白炽聚光灯和泛光灯。荧光灯尽管比较经济，但用来照射商品却会改变商品原来的色彩和光泽表现。其次需要解决的是，有些商品在强烈的照明光的长期照射下，会失去光泽，功率大的照明光还会使商品褪色，因此必须经常仔细观察，在商品陈列中做适当处理。

在灯光的散热和通风方面，荧光灯灯管长，散热小。白炽灯散热量大，在狭小范围照射时，由于热度集中，有时甚至会引起失火的危险。因此，使用白炽聚光灯照射陈列的商品时，要注意留出足够的空间，让空气流通，也不要让灯直接照射易燃物品。

灯光在商品陈列中的重要性再强调也不过分。灯光的作用是十分巨大的，超市应经常改进照明技术，不断更新橱窗陈列和室内商品陈列。

三、色彩

色彩在现代商业中起着传达信息、烘托气氛的作用。通过色彩设计可以创造一个和谐、亲切、舒适、鲜明的购物环境。在商店内部环境设计中，色彩可以用于创造特定的气氛，它既可以帮助顾客认识商店形象，也能使顾客产生良好的记忆和深刻的心理感觉。不同的环境色彩能引起顾客产生不同的联想和不同的心理感受，激发人们潜在的消费欲望，同时还可以使顾客产生即时的视觉震撼。研究表明，人观赏物体的色彩时，物体的背景色彩感应为物体颜色的衬色，以使人的眼睛获得休息和平衡。例如，当超市中的生鲜肉品货柜的背景色偏红时，肉色给人的感觉就不那么新鲜；如改成淡蓝色或草绿色，肉就会显得很新鲜红润。在大量陈设着色彩纷呈的商品的商店里，环境色彩应尽量采用中性色，突出衬托商品，并可防止应补色的影响而改变商品的色感现象。对作为休息、逗留、观赏的共享空间，可采用强烈、欢快的色彩基调，造成热烈、亲切宜人的气氛，以激起顾客活跃的心情。但过分对比的色彩会使人疲劳，故在具体处理时，对于大面积的运用应慎重考虑。总之,色彩的选择和搭配是一门艺术,商家必须学会利用色彩的原理,制造出吸引顾客的效果,用不同的色彩特点体现商店的面貌,商店的风格,根据色彩对比的原理,使每个售货区域都有变化,吸引顾客在多个售货区域停留、比较、增加购物的可能性。

对于色彩,常用的方法是组合和对比。

1. 色彩组合

色彩的不同组合,可以表现出不同的情感和气氛:

(1) 为了表现"华丽协调",可以用对比色组合,如蓝白、黑白、红白等;

(2) 为了表现"幽雅稳重",可用同色不同深浅的颜色组合,如绿色与翠绿色、深茶色与浅褐色、蓝紫色与淡蓝色等;

(3) 为了使商品更加突出而引起人们的注意,可在暗淡的背景上配以明快的颜色;

(4) 为了取得良好的烘托效果,可在中间色的背景上摆放冷色或暖色的商品等。

2. 色彩对比

色彩的对比与组合不同,可以使商品及广告文字的醒目程度不同。如为了使人们从远处看见商品价格,一般价格卡是白底黑字的。

四、灯光与色彩的综合应用

色彩能够增强顾客的购买决心,灯光能够使色彩亲切自然。同时,灯光的色泽会影响商品的包装、外貌的效果,使人对超市的本质特征有更充分的认识。

超市都在使用白炽灯照明,因为白炽灯光会产生令人熟悉的颜色，当然也有不够完美之处，所以有些专家提出建议混合使用白炽灯和日光灯。虽然目前大部分超市都由日光灯代替了白炽灯来照明，对增加光度，改善观看和购买速度起到了较好的作用，但仍不能产生自然或令人熟悉的颜色。经过多次研究试验，有的日光灯已经基本具备了产生熟悉颜色的功能，也就是使用荧光粉混合剂，并增加了红、黄、蓝、绿等，以发出不同的光色。

白炽灯光给人以温暖感，其主要的色彩光谱为黄色光，而绿色光和蓝色光稍弱一些。

日光灯有4种颜色，即豪华清凉白光管，它给人一种凉爽的感觉，而且使所有的颜色能够保持原色和近于原色；豪华温暖白光管，使人产生温暖之感，犹如白炽灯光，加强暖色光，减低蓝、绿色光；清凉白光管，产生清凉感受，保持原物的颜色，强调黄橘色光，减低红色光；温暖白光管，产生温暖感，同白炽灯光，有保持原物的颜色，加强黄色光，降低了红色光及冷色光的作用。

上述前2种灯光宜用于销售区域，如果在日光灯微弱处，增加红色白炽灯光效果会更好。在超市里以70%的日光灯与30%的白炽灯协调使用，可获得更好的、均衡的色调。在非销售区域，如工作区和客流量密集区，使用标准色的豪华日光灯更为有效。前者的效果要比后者差30%，白炽灯的效果为豪华日光灯管的40%～50%。

在商品陈列中，商场中的豪华清凉白色日光灯管可以加强瘦肉的血红色，而且使肥肉部分保持其白色。这种灯光也可使鲜菜看起来更新鲜；使鲜果的橘、绿、红部分更光泽、更耀眼；使袋装与罐装食品的颜色更显著。

除了肉和果蔬以外的部门，豪华温暖白色日光管是最适宜的了。在温暖白光的照射下，鸡肉等禽肉与奶制品看起来更富于黄色，烘焙食品看起来更富黄褐色和棕色。

超市灯光应该根据商品而确定，不同的商品采用不同颜色的灯光，尤其是超市生鲜食品区，依据卖场特点配置不同颜色灯光。例如，水产品用冷光，而不要用暖光等。

五、音响

声音是商店气氛的重要组成部分，合适的声音的种类和密度可对零售商店的气氛产生积极的影响，但店内的各种声响一旦超过一定的限度，不仅使顾客心烦意乱，注意力分散，还会使顾客反感。所以商店要善于区分音乐和噪声，在整个商店的购物环境中音乐起到积极的作用，而噪声起到消极的作用，商店要努力运用声音积极的一面，同时降低甚至克服消极的一面。

1. 运用积极一面

声音在商店销售中经常被运用。据一项调查显示，在零售店里播放柔和而慢节拍的音乐，会使销售额增加 40%。而快节奏的音乐会缩短顾客在商店里留恋的时间，进而购买的商品也减少，这一规律已被零售商店经营者熟知。所以，每天快打烊时，零售商店就播放快节奏的摇滚乐，以促进顾客离开。

为了改善和活跃商店内部的听觉环境，商店要控制噪声并多利用音乐。例如，通过音响设备播放音乐等。通过以下方法可以利用声音积极的一面。

（1）利用音响，提示顾客。在商店中，广播提示是十分必要的音响利用手段，介绍宣传商品，柜台分布或短期的优惠展销、促销。在商店促销活动期间，运用广播可以提醒顾客正在促销、热卖的商品，以及促销的地点和具体内容。因为大商店里销售的商品品种多，场地大，顾客很难全面地获得所有商品的信息，这时广播会起到很好的告知作用。

（2）利用音响，吸引顾客的注意。实践证明在商店的各相关购物场所中，钟鸣声，收录机、电视机的播放声，都能吸引顾客的注意，从而产生令顾客和商店都满意的结果。

（3）播放背景音乐，营造购物气氛。音乐是塑造店内气氛的重要手段，而且是最简易的方式。音乐非常有益于促销，如果一家零售店在入口处经常播放悦耳的音乐，保证门外的顾客会愉快地进入店内。一项调查结果表明：有77%的调查对象在其购物活动中偏爱有背景音乐的伴随。一些轻松柔和、优美动听的乐曲能抑制噪声并产生欢愉、轻松、悠闲的浪漫气氛，使店内顾客有一种舒适的心情，放慢节奏，甚至流连忘返。

2. 克服消极的一面

（1）通过隔音设备或消音设备控制噪声。来自商店外部的声音干扰，这对商店来说是一种噪声。那些来自商业繁华区的车辆声、往来行人的喧闹声，对店内顾客产生不同程度的影响，是应该消除的噪声。大型商店一般通过隔音或消音设备有效地控制90%以上的外来干扰，小型商店对这种噪声的控制水平则较低。

（2）店内或柜台上产生的声音处理。这些声音从局部看大多数是有益的。如顾客与营业员的交谈，挑选时的试听、试用、试戴等干扰声音。但各种声音的相互交织极易变为噪声，形成对其他顾客的干扰，是顾客形成对该商店购物环境差的印象。对于这类声音的利用与消除，一般通过合理布局商品的方式来解决。如需要一个安静的购物环境的商品，应集中摆放或布局在高层或深处，以使其有一个相对安静的购物空间。

3. 注意事项

商店背景音乐的选择一定要结合商店的特点和顾客特征，以形成一定的店内风格。

（1）应注意音量高低的控制，既不能影响顾客用普通声音谈话，又不能被店内外的声音淹没。

（2）音乐的播放也要适时有度，如果音乐给顾客的印象过于嘈杂，使顾客产生不适感或注意力被分散，甚至厌烦，将不仅达不到预期的效果，而且会适得其反。

（3）乐曲的选择必须适应顾客一定时期的心态。例如，在炎炎夏日，商店播放涓涓流水和莽莽草原的悠扬乐曲，能使顾客在炎热中感受到舒适和清新自然。又如，商店在大拍卖时，就可以播放一些节奏比较快，旋律比较强劲的乐曲，使顾客产生不抢购不罢休的心理冲动。

第四章
卖场货位分配和商品配置

第一节 基本概念

一、商品货位分配的决定因素

卖场是超市销售活动的主要场所,卖场能否使顾客的购买活动更加便捷、舒适,关系到能否增加顾客的逗留时间,保持良好的购物心情,甚至关系到能否建立对顾客超市的忠诚度问题,因此,设计者应从顾客的角度出发,精心规划设计卖场,才能使顾客形成对超市的良好印象。超市卖场是一个有限的空间,因此,必须对其作合理的配置、分配,才能更好地利用空间。在对超市卖场作分配时,要考虑以下几个因素:

1. 卖场面积

超市的商品卖场面积配置是关系到超市经

营成败的关键环节，如果商品卖场面积配置不当，会造成畅销商品与滞销商品陈列比例失衡，多占货架，增加库存，影响超市商品的正常销售，最终导致经营失败。因此，商品卖场面积配置是超市经营中面临的一个重要问题。几千种商品按何种比例陈列，按何种原则分配货架，并没有固定的模式可以参照。从国外成熟市场的经验来看，商品卖场面积配置是不断变化调整的，具体的实施步骤是：

(1) 根据卖场确定能够摆放的货架总数，并把货架长度相加，计算出货架总长度；

(2) 根据估算的各类商品销售额，计算每类商品应占货架比例。如蔬菜水果类商品占销售总额的10%，则蔬菜水果商品所占货架长度为货架总长度的10%；

(3) 根据商品单位体积进行调整。在调整过程中，应先计算商品的平均体积，对小于平均体积的商品应减少商品的面积分配；对于商品体积大于平均体积的商品应增大面积分配。例如，文具类商品的体积只占商品平均体积的64%，因此其占货架的面积应调整为原面积的64%；

(4) 根据货架宽度进行调整。在调整过程中，应先计算全部货架的平均宽度，对陈列在小于平均宽度货架上的商品，应增加分配面积；对陈列在大于平均宽度货架上的商品，应减少分配面积；

(5) 根据商品周转速度因素进行调整。对于周转慢的商品应调整为最低限度的面积，并保持一定的库存；对于周转快的商品应给予足够的面积配置，可少量维持库存，同时应考虑商品齐全，不能出现断货现象。

2. 预估销售额

对所有商品的销售额进行预算，从而决定在卖场内应占的排面数及场地大小。对那些销售额较高、周转快、毛利高的商品，应尽可能地放在更有利的销售位置，并保证其数量充足，相应地可以多占一些地方。

3. 商品单位面积

只有了解各种商品的单位面积，才能将其放到合适的位置，甚至能做到见缝插针，促进销售。如在收银台边摆放的口香糖、空气清新剂等，就是在了解商品单位面积的情况下，将它们放到了既显眼，又不浪费空间的地方。

4. 货架宽度

这和卖场面积是相等的概念，也就是说，在货架上摆放和其宽度相当体积的商品，而不能使商品超出货架宽度，这样既不美观，也很容易掉落到地上，从而损坏商品。

除以上几个因素外，决定商品货位分配的因素还有一些。如超市为促销需要而作的个别调整、消费者需求状况及季节性安排等。

二、卖场商品配置

商品通常是消费者进入商店后最关心的。商品摆放的位置如何，直接影响消费者的心理感受，与商品推销关系重大。如果店内商品杂乱无章，堆积如山，走道堵塞，这样店内的生意多半清淡。卖场商品的面积总是有限的，并非商品的陈列面积是无限的或商品品项越多越好。就如不好销的品项越多就越麻烦。因此必须决定贩卖哪些商品，而这些商品又应有多少个单品才合适。

超市中各类商品的具体布置，按照商品在居民生活中的重要性强弱依次陈列,如图4—1所示。

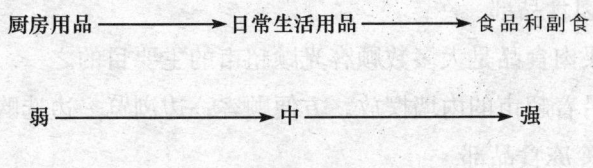

图4—1 超市中商品对顾客的重要性

将如图4—1所示的规律进一步拓展开来,顾客在超市中购买食品的基本顺序如图4—2所示。

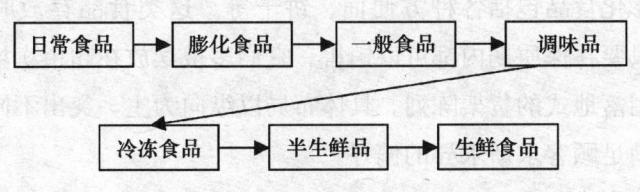

图4—2 超市中顾客购买食品的顺序

对图4—2中的生鲜食品,顾客的具体购买顺序是:水果→蔬菜→鱼类→加工肉类→加工半成品。

依据以上规律,为了配置好超市的商品,可以将超市经营的商品划分为以下商品部:

1. 面包及果蔬品部

这一部门常常是超市的高利润部门。由于顾客在购买面包时,也会购买部分蔬菜水果,所以,面包和果菜品可以采用岛式陈列,也可以沿着超市的内墙设置。在许多超市中,设有面包和其他烤制品的制作间,刚出炉的金黄色、热气腾腾的面包,常常勾起顾客的食欲,进而增加销量。现场制作成为超市的一个卖点。

2. 肉食品部

购买肉食品是大多数顾客光顾超市的主要目的之一。肉食品一般应沿着超市的内墙摆放，方便顾客一边浏览一边选购。

3. 冷冻食品部

冷冻食品主要用冷柜进行陈列，它们的摆放既可以靠近蔬菜，也可以放置在购物通道的最后段，这样冷冻食品解冻的时间就最短，给顾客的携带提供了一定的便利性。

4. 膨化食品部

膨化食品包括各种方便面、饼干等。这类食品存放时间较长，只要在保质期内都可以销售。它们多被摆放在超市卖场的中央，用落地式的货架陈列。具体布局以纵向为主，突出不同的品牌，满足顾客求新求异的偏好。

5. 饮料部

饮料与膨化食品有相似之处，但消费者更注重饮料的品牌。饮料的摆放也应该以落地式为主，货位要紧靠膨化食品。

6. 乳制品部

超市中的顾客一般在其购买过程的最后阶段才购买容易变质的乳制品，乳制品一般摆放在果蔬部的对面。

7. 日用品部

日用品包括洗涤用品、卫生用品和其他日用杂品，一般摆放在超市卖场的最后部分，采用落地式货架，以纵向陈列为主。顾客对这类商品持有较高的品牌忠诚度，他们往往习惯认牌购买。这类商品的各种价格方面的促销活动，会使顾客增加购买次数和购买量，但不能改变他们对自己心目中喜欢品牌的忠诚度。

三、超市中顾客流动的规律

根据大量调查结果显示,在超市卖场中,表面上看似繁杂的来往顾客,实际上有一定的规律可循,主要表现为以下 8 种情况:

1. 顾客在沿着食品主要通道浏览的途中进入卖场中间区,选购好商品以后再回到主通道,最后到收银台付款结算。

2. 顾客进入超市后,首先围绕食品主通道浏览一圈,然后进入卖场的中间陈列区选购自己需要的商品。

3. 顾客没有走完食品主通道,中途穿过中间陈列区,直接到收银台付款。

4. 顾客只在食品主通道选购商品,然后直接到收银台付款。

5. 顾客进入超市后,直接奔向要购买的商品货架,然后付款离去,在超市卖场中停留时间非常短。

6. 顾客沿食品主通道走到中途时,突然进入中间陈列区选购商品,然后再到收银台付款结算。

7. 顾客走完食品通道的大部分,又返回进入中间陈列区选购商品,然后到收银台付款。

8. 顾客在食品陈列主通道的选购途中进入卖场的中间陈列区,购买好商品后直接到收银台付款。

第二节 商品配置

一、商品配置的依据

基本上统一商品陈列模式是连锁商店确立统一企业形象的一部分。在卖场内进行商品陈列之前,首先必须确定商品按什么样的结构比例进行配置,每种商品应配置在卖场中什么位置。简单地说,即首先应解决卖场中商品配置问题,它直接关系到超市经营的成败。纵观当今国际上的消费潮流,已由"到不同的商店选购固定的商品"转变到"到固定的商店选购不同的商品"。在发达国家中,已发展到经营无所不包的超市。因此,卖场上商品配置不当,会使顾客感觉到他所需要的商品找不到或根本没有,而不想要的商品却太多的假象。这样,不仅商品白白占据了陈列货架,也积压了资金,导致超市经营的最终失利。

超市的利润是靠商品买卖的差价而获得。故商品导入的好坏,影响着超市经营的成败。以往超市的经营几乎无所不谈所谓的"商品规划",而且还有很多所谓的"寄卖品"。这不但占用了寸土寸金的陈列架,影响了其他商品的引进,更严重的是,商品没有经过规划,就会造成消费者想要的没有、不想要的一大堆的状况。占用了陈列架不打紧,库存积压、没有充分运用资金才是真正的可惜。

要如何将商品做良好的配置呢?商品配置的依据很多,常见的依据有以下几种。

1. 超市企业首先将所经营的商品进行归类,将其划分为若干个商品群,也可考虑把几种归类方法结合起来,对卖场的商品配置与陈列进行整体的规划。

(1) 按商品的用途归类。许多超市根据商品的特性和一般用途进行归类,并加以有效的选择和组合进行商品陈列,从而显示出商品的魅力和价值感。

例如,男子服饰店可以将商品归类为:运动装—休闲装;皮鞋—鞋油;衬衫—领带—领带夹;T恤衫—休闲裤—薄型丝袜等。

（2）按商品本身的特性归类。如超市经营的生鲜食品比重较大，其中很多属于冷冻和鲜活水产品，这部分商品应陈列在靠近卖场出口部位，使顾客购买后，能迅速退离卖场，便于商品的保质和保鲜；另外，将异味商品、音像商品单独隔离成相对封闭的售货单元等。

（3）商品间的关联性。关联商品可临近摆布，互相衔接，充分便利选购，促进连带销售。如将妇女用品和儿童用品、西服与领带临近摆放。

（4）按消费者的购买习惯和选择条件归类。这种归类方法根据顾客购买频率和愿意花费的购买时间进行分类。考虑到顾客购物习惯和购物顺序，按照顾客的行走规律摆放货位，以方便顾客购买，使顾客在购物时有顺畅、舒心的感觉。在各地超市中，消费者的购物顺序一般有其共同特征。例如食品的购买顺序一般是（国外的超市中）：生鲜食品—半生鲜食品—副食品—调味食品—加工零食。生鲜食品中，又有：蔬菜—水果—鱼类—加工肉类—半加工成品。

2. 购物顺序

总的来说，购物顺序排列，要做到按消费者的实际购物习惯顺序确定。

（1）方便性商品。这类商品大多属于人们日常必需的功能性商品，如糖果、化妆品、香烟之类的商品，大多数消费者都希望成交快捷方便，而不会花费太长时间进行研究比较。

（2）特殊性商品。这类商品通常是消费者花费较长时间进行周密考虑或与家人、朋友协商后，才采取购买行动的商品，如空调、彩电、计算机等物品,因此这类商品往往是功能独特名贵的商品。

(3) 选购性商品。这类商品大多属于能使消费者产生快感或美感的商品,例如佩件、饰品、服饰等商品,通常消费者对于这类商品的选购多属于冲动性购买,往往比较注重其设计、品质、款式等方面的心理效用,通常把商品的属性与自身的欲望综合考虑后,最后做出的购买决定。

二、陈列面积的配置

根据卖场规模确定的方法,可计算出超市为满足消费者需求的最有效与最经济的面积,但这些面积要如何分配到各商品呢?以下有几种方法:

1. 根据国民消费支出比例,参照现有超市的平均比例进行划分

假设不论什么产品,其每一平方米所能陈列的商品品种数都相同,那么为满足消费者的需求,我们的卖场各种商品的面积配置比例应与国民消费支出的比例相同。但我们也知道,目前超市的商品结构比与国民消费支出的结构比有很大的差异,更何况各种产品因陈列方法的不同,所需的面积也有很大的差异。但我们需以此数据为基准,在进行最简单的分配后,再做调整。

2. 参考竞争对手的配置,发挥自己特色来分配面积

在进行卖场的配置前,可以先找一家竞争对手或是某家经营很好的、可以效仿的店,了解对方的卖场配置。各部门(商品大类)的面积分配做好后,再按照中分类的商品结构比例,进行中分类商品的分配,最后再细分至各单品,这样就完成了陈列面积的配置工作。

三、商品的位置配置

有了陈列面积的配置后,我们在动线的规划上又该如何做呢?

所有的家庭主妇每天都要买菜,渐渐地大家都有了逐次购买每日生活必需品的顺序。超市的动线规划是由商品来引导。当然商品的配置也就必须与消费者的购买习惯相吻合才行。针对各业态的超市上商品种类繁多的特性,商品位置的配置按消费者购买习惯来确定比较好,并且相对地固定下来,方便消费者的寻找。对于所有超市门店则可以保持基本统一,这样不仅方便超市总部的标准化管理,而且能以此加强消费者的记忆,增强整个超市体系在消费者心目中的地位。对于多层建筑的超市来说,商品位置的配置包括确定各楼面经营内容和进行每一层的布局,而单层商店仅需要考虑后者。

1. 各楼层经营内容的安排

各楼层经营内容的安排应遵循自下而上客流量依次减少的原则。一般大型的超市都是大致按这样的一个原则安排的,这样的安排可以依次分散客流量,减少不必要的拥挤。例如,一个大型的连锁经营的超市可按表4—1所示安排各楼层经营商品的类别(供参考)。

表4—1　　　　大型连锁商店各层商品配置

层数	配置原则	经营商品类别
1	宜布置购买频率高、选择商品时间相对短的商品	针织品、化妆品、内衣、灯具、毛衫
2	宜布置商品选择时间长、价格稍高的一些商品	鞋帽、纺织品、眼镜、服装、钟表等

续表

层数	配置原则	经营商品类别
3	运用综合配套陈列方法来布置多重专业性柜台	照相器材、家具、床上用品、餐具等
4	宜布置购买频率相对低、存放面积较大的商品	计算机、组合音响、彩电、运动器材等

2. 每一层次商品位置的配置

一般来说，长期的行走习惯使消费者在逛商店时也不自觉地沿着逆时针方向行走，因此在一个有许多支道的商店里，根据一般日用品挑选性弱和男性购买商品求速度、不愿花时间进行研究比较的心理要求，日用品和一些男性用品通常应摆放在卖场的各个逆时针方向的入口处；而根据某些商品挑选性强和女性购买商品比较挑剔、一般花较多时间的特点，这类商品和妇女用品通常应摆放在距离逆时针入口处较远的地方；而玩具商品一般陈列在儿童易见易动的地方；畅销或有特色的商品陈列在卖场显眼的地方。

不过在西方，也有些超市把热门商品放在一般的货架上，而把那些一般商品放在顾客最容易看到的地方。试验证明，销路差的商品移到同顾客眼睛平行的货架上，销量可以增加 20%。当然，如果为了加速资金周转和获得更多利润，则需要把那些价格贵、利润高的商品放在卖场中最显眼的地方。

对于超市的商品位置配置，应该按照消费者每日所需商品的顺序做出动线的规划，也就是说，按照消费者的购买习惯来分配各种商品在卖场中的位置。一般来说，每个人一天的消费总是从"食"开始，所以超市可以考虑以菜篮子为中心设计商品位置的配置。通常消费者到超市的购物顺序是这样的：

蔬菜水果—日配品—畜产、水产类—冷冻食品类—调味品类—饮料—速食品—糖果饼干—日杂用品。把生鲜商品放在前面，可以引导顾客购物。

这种去超市购物的习惯世界各国几乎都一样，因此超市商品位置的配置如图4—3所示。

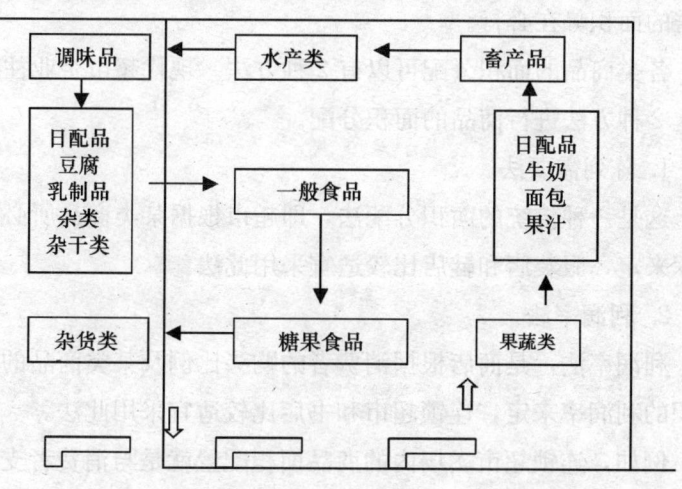

图4—3 超市商品位置配置

因此，采用敞开式销售方式的超市，在进行商品陈列前，首先应该对商品的排列进行科学配置，即如何在有限的营业面积上陈列较多的商品，从而提高货架的使用率。而这就需要有商品配置表，把商品陈列的排面在货架上作最有效的分配，并以书面表格形式画出来。

四、商品配置的面积分配

零售业现代化、规模化最直接的途径就是连锁经营，在连锁企业的商品规模下,连锁门店的商品品种多、门类多。例如在连锁超市中,食品类就囊括了传统的南北货店、水果店、食品店等有关的商品,而工业品则包括家用电器、各类服饰、百货等商品。国内的超市近年来有了突飞猛进的发展,大量副食品引入超市,连锁超市逐步替代原来的粮油店、杂货店、菜场等,担负起供应新鲜蔬菜、豆制品以及粮油制品等职能,因此确定各类商品所需的面积势在必行。

各类商品的面积分配可以有2种方法。现代超市企业往往结合这2种方法进行商品的面积分配。

1. 陈列需要法

这是一种传统的面积分配法,即超市根据某类商品所必需的面积来定,服装店和鞋店比较适宜采用此法。

2. 利润率法

利润率法,是商店根据消费者的购买比例及某类商品的单位面积的利润率来定,连锁超市和书店比较适宜采用此法。

例如,连锁超市卖场内的商品面积配置就是与消费者支出的商品投向比例相一致。据国家统计局的统计资料显示,1992年我国居民消费中食品支出的比率占59.6%,根据1993年和1994年我国通胀率的水平,这个比率也在65%以上。目前,我国人均食物消费支出占生活消费总支出的比重逐步下降,2001年恩格尔系数(就是食物消费在居民总消费中所占比重,恩格尔系数越小,说明人们生活质量越高,反之,则越低)已下降到46%。据了解,目前我国城乡居民的食物消费结构得到显著改善,2000年我国人均消费口粮206 kg、奶类5.5 kg、蔬菜110 kg、肉类25.3 kg、蛋类11.8 kg、食糖7 kg、水产品11.7 kg。按照这种支出比率，连锁超市的商品面积分配见表 4—2。

表 4—2　　　　　　　连锁超市的商品面积分配

商品部门	面积比例（%）
水果蔬菜	10～15
肉食品	15～20
日配品	10～15
一般食品	5～10
糖果饼干	10
调味品与南北货	15
小百货与洗涤用品	15
其他用品	10

这一商品面积配置是考虑到我国居民消费支出的大致比例，也考虑了在恩格尔系数降低的情况下，我国居民消费质量的提高在主副食品结构调整上的变化。需要说明的是，这个面积配置不是绝对的公式，中国幅员辽阔，每一个地区消费水平差异很大，消费习惯也不尽相同。例如，2000 年杭州人花在吃上的支出占全部消费的比例（即恩格尔系数）是 42.38%，1998 年这个比例更是高达 44.7%，而同省的宁波恩格尔系数是 39.53%。深圳只有 31.92%，因而每个经营者必须根据自己所处商圈的特点及竞争的状况，做出水平面积配置的选择。我们不能因为多数顾客选择这种商品而少数顾客选择另一种商品，就把另一种商品给砍掉，同时也要考虑空间位置的利用，不要留有太多的休闲空间，浪费空间资源。对于零售商而言，卖场的空间可谓寸土寸金，每一平方米的面积都承担有一定的成本费用。如果不让这些空间得以利用，势必影响畅销商品的利润，因此只要有足够的位置就得摆放商品，哪怕发挥的作用没有其他的那样大。

五、磁石理论在货位分布上的应用

1. 磁石理论

所谓"磁石",是指超市的卖场中最能吸引顾客注意力的地方,磁石点就是顾客的注意点,要创造这种吸引力必须依靠商品配置技巧来完成。商品配置中磁石理论运用的意义是:在卖场中最能吸引顾客注意力的地方配置合适的商品以促进销售,并且这种配置能引导顾客逛完整个卖场,达到增加顾客冲动性购买率的目的。应按不同的磁石点来配置相应的商品。磁石的位置见表4—3所示:

表 4—3　　　　　　　　磁石的位置

磁石售货区	所在位置	所陈列商品
第一磁石售货区	沿着主通道	消费量大的商品 消费频率高的商品 主力商品 进货能力强的商品
第二磁石售货区	主通道沿线穿插	前沿品种 引人注目的品种 季节性品种
第三磁石售货区	端架	特价品 即将大众化的厂家、商店商标品种 时令性品种 厂商促销品种(新品种) 季节性品种
第四磁石售货区	沿着副通道	贴有醒目提示的品种 廉价品 有意识大量陈列的品种 新闻媒介广告宣传品
第五磁石售货区	店堂内显眼必经之地	低价展销性品种 非主流品种

2. 磁石理论与商品配置

（1）第一磁石。第一磁石点位于卖场中主通道的两侧，是顾客必经之地，也是商品销售最主要的地方。此处配置的商品主要是：主力商品、采购力强的商品、消费量大的商品、消费频率高的商品。这类商品大多是消费者随时需要，又时常要购买的。如肉类、蔬菜、日配品（牛奶、面包、豆制品等），应放在第一磁石点内，可以增加销售量。

（2）第二磁石。第二磁石点穿插在第一磁石点中间，一段一段地引导顾客向前走，第二磁石点在第一磁石点的基础上摆放，主要配置有：重视展示的商品（最新商品，流行商品，季节感商品，明亮、华丽而引人注目的商品）。这一磁石点需要超乎一般的照明和陈列装饰，以最显眼的方式突出表现，让顾客一眼就能辨别出其与众不同的特点。同时，第二磁石点上的商品应根据需要进行调整，保持其基本特征。

（3）第三磁石。第三磁石点指的是超市中央陈列货架两头的端架位置。端架是卖场中顾客接触频率最高的地方，其中一头的端架又对着入口，因此配置在第三磁石点的商品，就要刺激顾客，留住顾客，所以可配置下列商品：特价品、高利润商品、自有品牌商品、厂家促销商品、季节商品。特别值得提出的是，我国目前有一些超市根本不重视端架商品的配置，失去了很多盈利的机会，一些超市选择的货架两头是半圆形的，根本无法进行端架商品的重点配置，应积极地加以改进。

（4）第四磁石。第四磁石点通常是指卖场中副通道的两侧，是充实卖场各个有效空间的摆设。这是个要让顾客在长长的陈列线中引起注意力的位置，因此在商品的配置上必须以单项商品来规划，即以商品的单个类别来配置。为了使这些单项商品能引起顾客的注意，应在商品的陈列方法和促销方法上对顾客作刻意表达诉求。主要有：热门商品、有意大量陈列的商品、广告宣传的商品等。

（5）第五磁石。第五磁石点指的是位于收银处前的中间卖场。在这里，各门店可按总部安排，根据各种节日组织大型展销、特卖活动的非固定场所。其目的在于通过采取单独一处多品种大量陈列的方式，造成一定程度的顺从顾客，从而烘托门店气氛。同时展销主题的不断变化，也能给消费者带来新鲜感，从而达到促进销售的目的。

第三节　超市关联商品的配置

所谓关联商品是指在用途上密切联系的商品，例如照相机和胶卷、皮鞋和鞋油等。配置关联商品的目的是适应顾客在购买活动中图便利的消费倾向，也可以增加主力商品的销售，扩大商品销售量。由于大多数顾客习惯沿着货架的陈列浏览发现商品，一般不愿意回头选购商品，因此卖场中落地式货架的两侧不能陈列关联性的商品，关联性的商品只能陈列在通道的两侧，如图4—4和图4—5所示：

在运用关联性陈列时，需要注意以下几点：

一、通道两侧应尽量陈列同样购买率、同一价格带的关联性商品。当某类商品不足以占满一侧的陈列货架时，为了保持两侧的关联商品属性的一致，宁可使其中断，也不能陈列购买频率不同、价格带不一样的关联性商品。

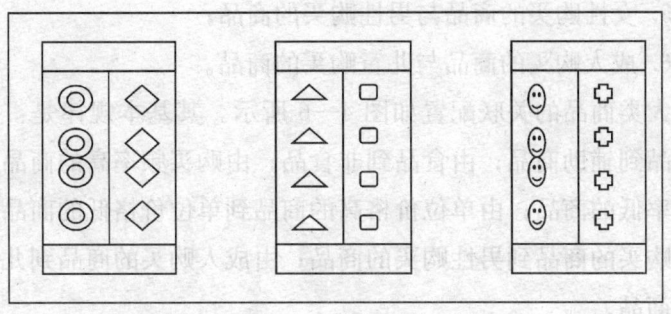

图 4—4　正确的关联性陈列

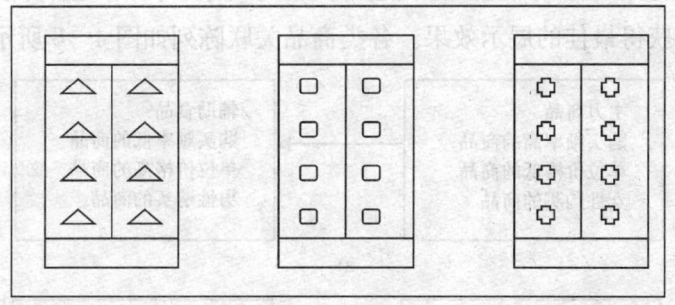

图 4—5　错误的关联性陈列

二、转弯处的关联性陈列。在超市陈列货架的转弯处，尽量不要使商品陈列出现中断现象，为了保持商品陈列的连续性，最好在转弯的两侧陈列同一类商品（可以是不同品牌的同类商品）。

三、大类商品的关联性陈列。所谓的大类商品主要是指：

1. 主力商品与辅助商品；
2. 食品与非食品；
3. 购买频率高的商品与购买频率低的商品；
4. 单位价格高的商品与单位价格低的商品；

5. 女性购买的商品与男性购买的商品；
6. 成人购买的商品与儿童购买的商品。

大类商品的关联配置如图4—6所示。其基本规律是：由主力商品到辅助商品；由食品到非食品；由购买频率高的商品到购买频率低的商品；由单位价格高的商品到单位价格低的商品；由女性购买的商品到男性购买的商品；由成人购买的商品到儿童购买的商品。

在实际操作过程中，到底如何对商品进行有效的配置，除了以上有关内容外，还要根据超市卖场的具体形状、位置而定，以确保获得最佳的展示效果。各类商品关联陈列如图4—6所示。

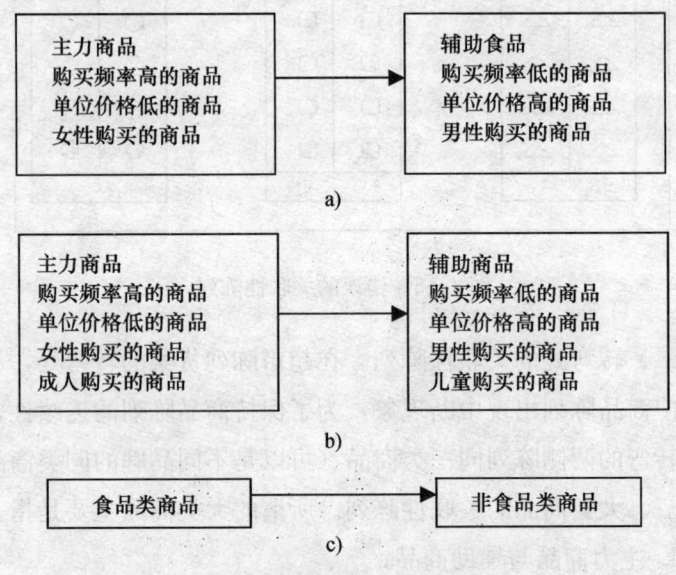

图4—6　各类商品关联陈列
a）食品类商品的关联陈列　b）非食品类商品的关联陈列
c）大类商品的关联陈列

案例分析

一、叫好又叫座的卖场布局

现在,当人们走进家乐福,感觉自己像在另一类型的百货店里闲逛,很多布局方面的细节让你很舒服。但可能你不相信,家乐福原来的卖场布局完全不是这样,甚至会让人感觉很枯燥——那里像树林子一样,全都是货架,没有任何变化和分割,没有任何主题性布局。但现在家乐福已经非常讲究主题设计和烘托。什么叫烘托主题?举些例子:比如说家电区有一个单独的场景,那里都用比较暗淡的灯光,突出彩电画面的氛围。有些店还设计了一个儿童用品区,如童装、儿童内衣裤、童鞋、童袜,还有玩具、童车、童床、婴儿用品都放在这个区域里,形成一个儿童世界。另外还设有"女人屋",这是家乐福很有特色的一个设计——女人通常买文胸、内裤的时候愿意比量一下,旁边老有男同志,她肯定就不好意思。为了保证私密性,家乐福就设计了一个女人屋。另外在主题区,也会用一些POP(卖点广告)或者在货架上贴一些即时贴之类的东西,用充满变化的颜色降低顾客的视觉疲劳,这样顾客感觉到卖场里一点也不枯燥,而且到哪个区里面都会看到特色。

需要注意的是:这种设计被顾客接受是需要一定时间的,刚开始店面的销售额也受到一定影响,但慢慢地就被顾客接受了。另外,这种主题设计一定要根据门店销售数据来选择产品,而不能听少数供应商的建议。

而且家乐福货架的高度也不都是在一个水平面上——而是参

差错落的,既有高货架,也有矮货架。比如说设计家用百货区,各类商品之间就用高货架分开,中间用矮货架,顾客一目了然。货架方向各区域也有一个变换,并不全都是直的。如图4—7所示(其中右下方的大箭头表示超市入口),超市的入口直接通向主通道。超市的出口在图样的左上角,这样能保证客流经过每节货架,每个商品(因为超市的特点是开放式购物,顾客随机性购物占绝大部分),从而提高顾客平均提篮数。

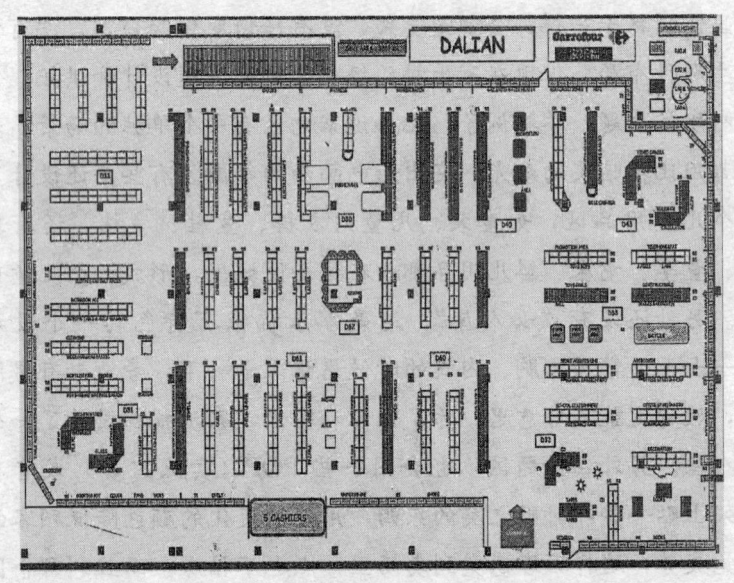

图4—7 某卖场布局

在设计卖场布局前,首先要对各个品类制订商品配置表(即确定每个小分类的品种数),然后对商品进行分布。原则是:首先要根据商品分类表进行布局,每一个部门呈区域性摆放,尽量不要把家电卖场拆开;若要拆开,中间不应隔一个像文化用品一类的部门。另外,当然也要考虑顾客光顾的热区、温区和冷区,关键是炒热冷区。

超市的入口也就是人流最多的地方,先让顾客经过偶然性购买的商品,例如,音像图书、玩具等用品。最后让顾客经过习惯性购买的商品,例如,家用百货,清洁洗化用品。

刚进入口右侧,即图中的右下角为文化用品、音像图书区,国际上比较流行的模式是:在入口的右侧放文化用品区。这里通常都是矮货架,而且图书、音像制品不仅花花绿绿,而且可以直接用电视放电影,有画面、有声音、有音乐,顾客一进来,感觉既有品位又热闹。以前这个地方是按其他货架一样摆成直的,但主通道的顾客过来后就觉得这里太呆板,很少有再进来逛逛的想法,因此就成死角了。所以,门店管理者就将这里调整成对角摆放,并用矮货架布置一个主题区——图书音像区,并配有音乐,一下给人一种豁朗的感觉,被吸引的客流甚至会向其他通道反向运动。

如图4—7所示,卖场右上角的那个冷区我们给它的布局是家电,这是个主题性特色区。彩电可以环绕墙面摆放,它们有声音和画面,可以把顾客吸引过来。

入口的左侧为服装区,因为服装需要试穿,顾客刚进超市(空手)时才能挑选,同时服装又属于随机性购买的商品。

在图样的左下角是整个卖场的冷区,需要摆放什么商品才能吸引客流很关键,选择购买频率高的家用百货或者清洁洗化用品最好。为了把顾客吸引到这个冷区,货架的摆放避开直行架、一个高度的形式,采用转角的货架摆放,形成一个主题性的特色销售区,用POP及实物展示吸引客流。

接下来超市出口为清洁洗化区。清洁洗化用品为什么放在这层出口的地方？因为这些产品容易丢失（尤其是洗化类的化妆品），放在出口的地方，因为人流特别多，就很难偷窃了。

还有几个原则：

1. 部门与商品摆放时要考虑关联性，比如说：家用百货部门与清洁洗化部门属于关联部门，文化用品部门与家电部门属于关联部门等，商品中文化用品部门的铅笔盒和笔类属于关联商品，要陈列在一起。

2. 为了降低成本，我们通常将生鲜商品都集中在一起（减少设备和人员服务）。

3. 要注意，饮料不要放在商场的入口处，因为顾客不可能进到卖场里面，拎着一箱饮料绕场一圈——那样，他只会希望马上从商场出来。

二、如何划分各部类的营业面积

给各部类的营业面积该怎样划分？各大类、中类和小类，其经营面积、货架数一般是靠销售额的构成比例和销售量的构成比例来划分的。

例1 1 000 m^2 的一个超市，整个店的营业额是3 000万元，其中若干性副食部门营业额占全店营业额比例是14%。平均米效就是3万元，货架的使用比例是40%，由此我们确定一下各部门货区的面积：

首先，要确定一下这个部门的营业额是多少，假设是588万元/年。就用588万元再除以平均米效3万，得196 m^2。那么这个部门货架应该有多大的面积？因为货架使用比例是40%，所以最终就是78 m^2 这样的使用面积。

例2 如何确定各部门、各品类货架数量

例如,某家商场有货架数量400个,膨化食品销售额占3%,销售数量占4%,确定膨化食品的货架数量

计算:400×(0.03+0.04)/2=14个

销售区域划分的意义:促进销售额和降低库存费用

货架个数最终判断,是从商场主题及对消费者的需求判断出来的,对需求扩大的品类,分配更多的面积;对需求下降的品类,需要毫不犹豫地缩小面积。

第五章
超市商品分类与商品组合

第一节　超市商品的分类

随着超市经销的非食品商品的增加,超市经营者需要对所经销的所有商品进行适当的分类,根据各类商品的特点制定超市的商品经营策略,使商品组合、商品布局适应消费者的实际购买需要,便于消费者识别和挑选,以扩大商品销售。

超市经营的商品可以按不同的标准进行分类。例如,可以按规格大小、技术复杂程度、易腐性、成本要求等进行分类。但从超市经营的角度看,应该以顾客的要求、顾客的购买方式和习惯、商品的用途等作为分类的标准,特别是顾客对商品的需求特点,集中体现了销售目的、销售方式和销售对象等方面的内容。深入地了解这些特点，有助于采取正确的商品经营策略。

一、根据顾客的购买习惯不同分类

根据顾客的购买习惯不同，可以将商品划分为日用品、流行品、专用品和日用百货。

1. 日用品

日用品是家庭中经常消费的商品。顾客购买次数较多，因此购买时并不怎么多考虑，对日用品的价格要求便宜，选择标准一般为坚固、美观、方便，对质量要求不怎么高，顾客一般到附近商店购买。经营日用品，越接近顾客居住区越好。

2. 流行品

流行品是由于某些因素影响，因而在短期内出现大量需求的商品。流行品的消费在一定时期表现为一种时尚。因为流行品具有较强的时间性，顾客大体只购买一次，对自己的购买非常努力。在流行期内，流行品与日用品恰恰相反，价格高些没有问题，而对质量要求不怎么高。流行品经营的重点是款式新颖、漂亮。

3. 专用品

专用品是指对顾客具有特定用途的商品。专用品一般价值较高，如体育用品、金银饰品及测绘仪器等。专用品的购买次数少，顾客购买时考虑较多。专用品的质量要求必须好，价格高一些也无所谓。由于购买次数少，顾客可以去较远的地方购买。

4. 日用百货

日用百货是顾客经常购买和使用的价格较低的商品。顾客对日用百货的选择标准是感觉好、种类丰富和质量好。日用百货的价格以中等偏上的较易销售。顾客购买日用百货的时间间隔比日用杂品长些。

二、根据顾客对商品的选择分类

根据顾客对商品的选择进行分类,可以将其分为特殊品、选购品、便利品。

1. 特殊品

特殊品是指具有特殊用途、特殊效用、特定性能和特定品牌的商品,如花、鸟、戏装、集邮品等。由于特殊品有特定的消费对象,从而排除了其他商品的竞争。经营特殊品会使经营者获得较大收益。经营特殊品,宜开设专柜,并适宜集中经营。

2. 选购品

选购品是指顾客在购买过程中,愿意花费较多的时间观察、比较、询问、选择的商品。这类商品的特点是:使用期长,多数属中高档、价格较高的商品,如家具、服装、组合音响等。购买者一般愿意到商店集中地区或有声望的大商场去买。

经营选购品的网点设置应相对集中一些。选购品的销售特点是:最大限度地配齐商品,在顾客进行比较选择时,当好参谋。

选购品又可以分为同质选购品和异质选购品。同质选购品是指商品质量被顾客认为完全相同,而售价有显著差别者。这类选购品比较的尺度是价格。例如,有各种牌子的全自动洗衣机,顾客认为其质量差别不大,就会选择其中价格最低者。异质选购品是指质量因素有重大差别的商品,而且顾客认为质量因素的差别远较价格上的差别重要。如服装,在顾客看来,服装的款式、剪裁、面料、缝工可能比价格上的差别重要得多,如果对质量不满意,即使价格便宜,顾客也会不屑一顾。由于某些异质选购品的质量不能在直观上加以比较，如电视机的耐用程度以及维修保养的难易程度等，购买者往往以品牌作为选购的指南，不熟悉有关品牌时则以商店的信誉作为选购的标准。

3. 便利品

便利品是指顾客经常购买，而且不愿意花时间进行过多比较选择的商品。便利品又可分为 3 种：

（1）应急品。它是顾客紧急需要时所购买的物品，如突降大雨时的雨具等。在应急品的经营中，商品布置的可见度对销售影响较大。

（2）日用品。在超市中 70％以上的商品都是日用品，它是指单位价格较低，消费者经常使用和购买的商品，具体又分为食品类、非食品类、日用品。非食品类、日用品包括：生理卫生用品、洗涤用品、电池、火柴等。顾客购买日用品的突出要求是随时可以买到，所以愿意接受任何性质相同或相似的代替品，并不坚持特定的品牌和商标。对品牌众多的日用品，顾客常常选择自己熟悉的牌子，因此超市经营者应利用各种媒体，广泛宣传本店销售的各种品牌的商品，并在保证质量的前提下，力求商品陈列新颖别致，使之更富有吸引力。

（3）冲动性购买品。冲动购买品是顾客事先并无购买计划，因视觉、嗅觉或其他感官直接受到刺激而临时决定购买的商品。如风味食品、部分水果、糖果等。利用冲动购买品对感官的刺激是商品促销的重要手段，如玩具的示范表演、风味食品的现场制作等。

三、根据消费者 TPOS 进行分类

根据消费者 TPOS 对商品进行分类是一种全新的分类方式，

是消费者市场细分化的必然要求。所谓 TPOS 是指：T（time）——消费者在什么时间购买；P（place）——消费者在什么地方购买；O（occasion）——消费者出于何种动机购买；S（style）——消费者为了满足什么样的生活方式需要，或在何价值标准支配下购买某种品牌的商品或服务。

根据消费者的 TPOS 对经销商品进行分类，就是要求超市经营者从商业经营的角度去满足随着生活变化而变化的消费者对商品和服务特定用途的需要。过去的分类方式是从生产者或销售者的角度出发，而 TPOS 则是站在使用者、消费者的立场上，按照用途对商品进行分类，因此它更能体现目标市场的趋势性特点，是市场需求导向化的具体体现。超市经营者按照 TPOS 法对经销的商品进行分类时，具体有 2 种参照因素。

1. 按用途分类

前面，我们已经对按用途进行经销商品分类作了阐述，这里只对其进行补充。按用途对经销的商品进行分类的出发点就是根据消费者的购买特点，调查和了解普通消费者日常生活的实际状况，看他们共同消费、共同使用的商品都有哪些品种，可以将这些品种归为一类，进行统一陈列、统一管理。

2. 按顾客分类

在市场营销中，对目标市场的细分常常依据消费者的统计性特征，即消费者的家庭人口、学历、收入、年龄、职业等因素。这些方面的差别会造成消费者购买活动上的别样性，但在超市营销中，用消费者的以下标志性特征来对经销的商品进行分类更具有现实意义：

（1）消费者的年龄段；

(2) 消费者的家庭形态;

(3) 消费者的性别;

(4) 消费者的居住地和工作地点。

以消费者在家庭中的角色为例,超市中的商品购买者不一定是商品使用者。例如:男性内衣、儿童用品的购买者多为家庭主妇,而使用者则是她的亲属;女性用品、西服、化妆品的购买者就是使用者。将以上特征性因素结合起来对商品进行分类,更能体现目标市场的需求实际,为超市经营者制定营销决策提供客观依据。

比较理想的做法是将以上分类方法结合起来,兼顾各种分类方法的优点,既便于顾客选购商品,也便于超市经营者管理商品。这样,超市经营者就可以得到以下经销商品的具体划分内容,如图 5—1 所示。

四、根据商品的用途分类

根据商品的用途进行分类,可以将其分为资本品和消费品。

1. 资本品

资本品是指企业为生产商品而购入的商品。资本品同消费品相比不仅购买的目的不同,而且购买数量和方式也有很大差别。资本品的购买者往往是具有专门知识的行家,购买的决策多数带有科学性,因此在销售资本品时,必须掌握谁是决定购买意向的审批机构,销售人员在商品性能、价格等方面应具备必要的知识。

2. 消费品

消费品是最终用户为了使用而购买的商品,直接用于最终消费。消费品的购买者不像资本品的购买者那样是技术的内行,不

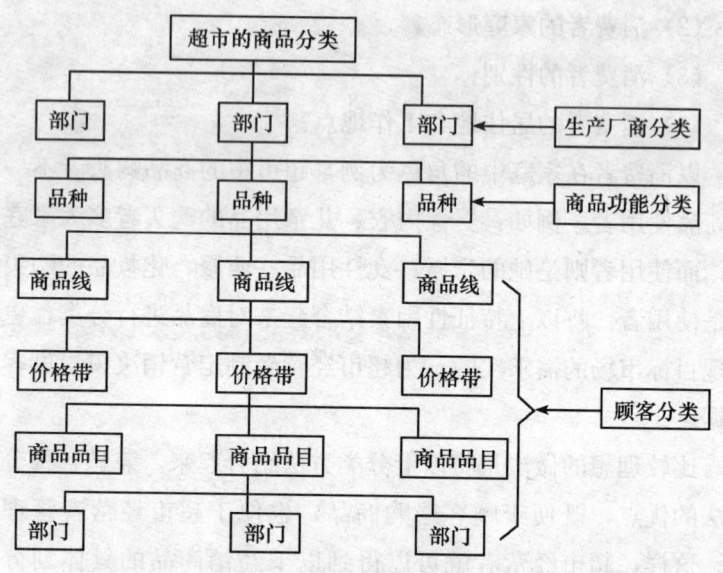

图 5—1　超市经销商品的分类

一定按价格和性能进行选择和决定,而更多地带有心理方面的特点,例如外观设计的精美程度、商品品牌等。因此这些方面常常具有满足顾客需求的力量。

随着消费品的日益丰富和顾客要求的提高,消费品需求会呈多元化发展,消费者不再要求购买同一商品。因此超市在经营消费品时,必须深入研究自己的商品能够满足哪一层次顾客的要求,要做好与销售对象接触的信息传递工作,不断提高销售技能,努力适应顾客的需求变化。

五、根据商品的耐久性和有形性分类

根据商品的耐久性和有形性进行分类,可以将其分为服务、消耗品和耐用品。

1. 服务

服务是非物质实体商品,服务的核心内容是向顾客提供效用,而非转移所有权。服务与有形商品比较具有以下特点:第一,服务基本上是无形的;第二,服务内容不易标准化;第三,提供服务是与其消费过程同时进行的,服务的交易必须在适当的时间和地点进行才能有效地满足需要。超市为顾客提供的服务具体包括:存取包服务、购物咨询服务、装袋服务、收银服务以及卖场中的各项服务等。在为顾客提供服务的过程中,应当加强服务质量的管理,提高服务的专业化水平,以充分高效地满足顾客的需要,为超市赢得顾客的好感。

2. 消耗品

消耗品,也称非耐用品,是指在正常情况下,一次或几次使用就被消费掉的有形物品,如文具、牙膏、食品、洗衣粉等。这类商品会很快被消费掉,因而顾客购买频繁。一般地说,这类商品的价格较低,商品经营利润较小。经营消耗品,必须便于顾客的购买,网点接近居民区,这也正是超市选择店址的基本原则。

3. 耐用品

耐用品是指在正常情况下,能多次使用的有形物品,如电冰箱、电视机等。因为耐用品使用周期(到下一次重新购买的时间)长,所以顾客购买时很慎重。另外,这类商品价格一般较高。经营耐用品,需要更多的销售服务和销售保证,如保退、保换、维修、运送等等。企业销售耐用品的重点是形成促使顾客购买的气氛,并进行耐心细致的商品介绍,使用方法指导,还应建立完善的售后服务体系。

第二节　超市商品目录与结构

一、商品目录

商品目录是超市根据本企业的销售目标，把应该经营的商品品种，用一定的书面形式，并经过一定的程度固定下来，成为超市制定商品购销计划及组织购销活动的主要依据。它是超市在商品经营范围内确定商品品种结构的进一步具体化和规范化。商品目录包括必备商品目录和经营商品目录。

1. 必备商品目录

必备商品目录，是为了满足顾客基本需要而必须经常备有的商品品种目录。必备商品目录规定超市企业在正常情况下，必须保证有货出售的商品品种。它是超市企业经营的全部商品中的主要部分，实际备货时应多于它而不能少于它。制定必备商品目录的目的，是为了使超市企业在经营活动中有一个能保证顾客基本需要的衡量标准。凡是顾客日常生活基本需要的商品，都要定为必备商品品种。

必备商品的需求，在较长时期内不发生变化。凡是必备商品，超市企业均应积极组织货源，保证供货。必备商品目录的内容一般包括商品的品种、品名、规格、大类、小类等项目。

2. 经营商品目录

经营商品目录，是超市经营范围和方向的具体落实。经营商品目录的制定，应在商品经营范围内，考虑商品货源和市场变化、超市的经营能力和商品的关联性、顾客购买习惯和要求，以及本超市的经营特点和邻近的竞争者的经营特点等因素，逐一对商品进行分析排队，逐类地确定应该经营什么商品品种，经营到什么程度，并应具体列名季节商品和常年商品的详细品种、质量、规格，并规定品种、花色不少于多少种，以便于超市企业有计划地组织购销活动。

由于商品的特征不同和顾客的要求不同，确定经营品种的粗细程度也就不同。一般来说，特征简单的商品可以粗一些，特征复杂的商品则要细一些；既要防止订得太粗，过于笼统，又要防止订得太细，过于烦琐。

3. 必备商品目录与经营商品目录的关系

必备商品目录和经营商品目录不是2种商品目录，而是商品目录中2个范围。这就是说，经营商品目录包含着必备商品目录，必备商品目录是经营商品目录的一个组成部分。经营商品目录包括超市企业经营的全部商品品种数，必备商品目录包括超市企业必须备有的商品品种数。必备品种，是超市企业最低的品种定额。商品目录一经确定，就要认真执行，经常检查，并应根据市场变化及时进行修订。

二、商品结构在超市经营中的重要地位

商品结构是指超市在一定的经营范围内，按一定的标志将经营的商品划分为若干类别和项目，并确定各类别和项目在商品总构成中的比重。商品结构是由类别和项目组合起来的。商品结构是否合理，对于超市的发展具有重要意义。

商品经营范围至少规定经营商品的种类界限。在经营范围内，各类商品应当确定什么样的比例关系。哪些商品是主力商品。哪些商品是辅助商品和一般商品。它们之间保持什么样的比例关系。在各类商品中，品种构成应保持什么样的比例关系。主要经营哪些档次等级、花色规格的商品。这些属于商品结构的问题必须在零售策划中具体确定。

在一定意义上讲,商品结构在超市经营中居于枢纽位置,经营目标能否圆满完成,经济效益能否顺利实现,关键还不在于经营范围而在于商品结构是否合理,如果商品结构不合理,就会直接影响经营成果。

1. 合理的商品结构是实现超市经营目标、满足消费需求的基础

超市经营者满足消费者消费需要的程度如何,关键决定于有没有适合目标顾客需要的商品。不仅要保证基本需要和共同性的需要,还要向顾客提供选择条件,保证不同的需要。如果商品结构不合理,该经营的商品未经营,而不适合目标顾客需要的商品反而占较大比重,那么企业的经营目标就不可能很好地实现。

2. 确定商品结构是加强商品经营计划管理的基础

超市组织商品购、销、存活动,必须研究确定商品结构,以保持合理的比例关系,这是加强商品经营计划管理的基础。从商品购、销、存的比例关系来看,进货比重、销货比重、库存比重三者之间是相互协调、相互适应的关系,即以销售比重为中心,掌握进货比重和库存比重,达到购、销、存之间的平衡。超市经营者应研究确定并经常分析三者之间的比例关系,据以指导业务活动。

3. 确定商品结构是有效利用经营条件、提高经济效益的基础

一方面,确定商品结构,可以按照商品构成比重,合理调配人、物、财,集中力量加强主力商品的经营,突出经营特色,发

挥经营优势；另一方面，通过商品结构的检查分析，及时对商品结构加以调整，以适应市场变化，减少经营损失。

总之，合理的商品结构对于零售经营的成功与发展起着举足轻重的作用。

三、确定商品结构的基本要求

1. 适合顾客对商品的选择

超市经营者要根据所在地区的特点和目标顾客对各类商品的选择要求，确定商品构成比例，保持适销对路的花色品种。

2. 保持顾客基本要求的一定比例

顾客需要既包括商品品种构成，也包括同种商品不同规格、质量等方面的构成。对于顾客基本需要的品种、质量、规格，应保持必要的经营比例，保证销售。某些商店还可确定顾客特殊需要的规格、品种，以满足顾客的特殊需要。

3. 保证顾客对商品配套的需求

对于一些配套使用的商品及连带销售的商品，应当列入商品规划，以便于顾客购买。

4. 适合商品销售规模和经济效益的要求

正确处理经济效益与商品构成之间的关系，主要表现在两方面：一是商品构成与商品利润率之间的关系。既要处理好不同利润率的商品之间的比例关系，保证经济效益，又不能利微不干，利大大干，要保证顾客的需要。二是商品构成与商品周转速度之间的关系。品种越多，资金占用越分散，而所有品种并非均可实现销售，所以不能片面扩大品种，影响经济效益；但也不能片面压缩品种，不便顾客选购，否则也会影响经济效益。

四、影响商品结构的主要因素

影响商品结构的主要因素有:

1. 顾客构成的变化对商品结构产生的影响

当顾客构成发生变化时,会对商品结构产生影响,需要及时调整某些商品构成。

2. 邻近地区同行业经营商品构成的变化

如果邻近地区同行业经营商品构成发生变化,超市经营者应按照经营分工及时调整自身的商品构成,发挥经营特长。

3. 消费结构与消费习惯变化对商品结构的影响

随着顾客购买力的提高,顾客的需求不断变化,这种变化既反映为顾客对商品数量需求的增长,又更多地表现在消费结构和爱好习惯上的变化。因此要预测这种变化趋势,有预见地迎合消费,及时调整商品结构。

4. 商品生产的发展对商品结构的影响

超市经营商品结构的变化,主要来自于商品生产的发展。商品生产越发展,新旧商品交替运动越频繁,商品生命周期也就越短。超市经营者应时刻注意这种变化给商品结构带来的影响,适时扩大新商品的经营比重,减少以至淘汰不适合市场需要的老商品和滞销品,使商品结构不断更新,这是调整商品结构最主要的方面。

5. 经济条件的变化给商品结构带来的变化

经济条件的变化也会给商品结构带来变化。例如,超市经营规模扩大或缩小,人员增加或减少,超市经营者都势必相应地调整商品结构,增加或减少所经营的商品种类。此外,社会风气和生活习惯的改变、科学文化事业的发展、国家某项政策的实施等，都直接或间接地影响着商品结构的变动。

6. 季节性对商品结构变化的影响

季节性商品在不同时期内有着不同的经营比重。为适应生产季节或消费季节的需要，及时调整各个时期的比重，既能保证顾客的需要，又能防止过季商品积压。

五、商品结构的检查分析

商品结构的检查分析，是超市经营活动分析的主要内容。经常进行商品结构检查分析，能及时指导和协调各商品部、组的购销活动，以适应市场变化，合理使用物力、财力、人力，从而获得最佳的经济效益，更好地满足消费者的需要。

检查分析商品结构，主要是从各类商品经营比重、库存、档次、品种等方面进行纵向与横向的对比分析。通过各种商品在不同历史时期的对比和相互间的对比，以及同行业有关比重的横向比较，寻求一般规律，发现存在的问题，及时进行调整。

各种商品的比重及其相互间的关系，在正常经营条件下，均存在一定的规律性。例如，每类商品经营比重与其库存比重在一定时期内应大体一致，如果某类商品库存比重远远超过或低于其经营比重，即应进行检查分析。又如，每一行业、每种类型的超市的经营比重与品种构成比重，在一般情况下也均有一定的规律，代表该行业的共同性，同时也存在着某些差异性，反映各自的经营重点和特色。

商品库存结构的检查分析是经营活动分析的重点。分析商品库存结构主要通过检查正常商品库存与有问题商品库存的比重，发现存在的问题。一般情况下，有问题商品库存比重大体有一个最高限额，超过最高限额时，表明购销业务活动出现了不正常情况,需要进行具体检查分析。即使在正常经营条件下,也应定期或不定期地进行清仓排队,检查商品库存结构,尽量压缩有问题商品的库存比重。

六、商品结构的分类与内容

超市经营的商品结构,按不同标志可以分为不同类型。按商品自然种类划分,可以分为商品类别、商品花色、商品质量、商品品牌、商品等级、商品品种、商品规格等;按销售程度划分,可分为畅销商品、滞销商品、平销商品;按经营商品的构成划分,可以分为主力商品、关联商品和辅助商品等。

上述分类是从适应顾客不同需求特点和超市的经营活动出发加以研究的,按照上述分类标准来研究商品结构,能够使商品结构更趋于合理。由于部分分类的划分较易理解,在此不详细介绍,下面仅就按商品构成划分的主力商品、关联商品和辅助商品的内容做详细介绍。

1. 主力商品

主力商品,是指在超市经营中,无论是数量还是销售额均占主要部分的商品。一个企业的主力商品体现企业的性质、企业的经营方针、企业的经营特点。可以说,主力商品的经营效果决定着超市经营的成败。主力商品周转快,就可以保证超市企业取得较好的经营成果;反之,就很难完成超市企业销售目标。因此,超市企业应首先将注意力放在主力商品的经营上。

被超市选为主力商品的应该是市场上的畅销商品和具有竞争力的名牌商品。这就要求经营者必须掌握顾客的需求动向和购买习惯的变化。如果在经营中发现主力商品的某些品种滞销,就必须及时采取措施加以调整,防止由于某些品种影响而使企业销售额下降。超市企业掌握了主力商品的变化情况,也就掌握了经营的主动权。

2. 关联商品

关联商品,是在用途上与主力商品有密切联系的商品。例如,西服与领带、录音机与磁带等都是关联商品。配备关联商品,可以方便顾客的购买,可以增加主力商品的销售,扩大商品销售量。配备必要关联商品的目的是适应顾客购买中图便利的消费倾向,这也是现代超市经营中的重要原则。

3. 辅助商品

辅助商品,是对主力商品的补充。超市经营的商品必须有辅助商品与主力商品搭配,否则会显得过分单调。辅助商品不要求与主力商品有关联性,只要是超市企业能够经营,而且又是顾客需要的商品就可以。辅助商品可以陪衬出主力商品的优点,成为顾客选购商品时的比较对象;辅助商品不但能够刺激顾客的购买欲望,而且可以使商品更加丰富,克服顾客对商品产生的单调感,提高顾客光顾频率,促进主力商品的销售。

辅助商品的配备,必须考虑它的季节性和流行性,不要将过时、过季的商品作为辅助商品,否则不但不能辅助主力商品的销售,而且会造成商品积压,影响企业资金周转。因此,辅助商品的配备,应随季节变化和流行性变化而调整,做到勤进、少进、快销。当然,对于销路好的辅助商品,可以适当增加经营比例,但不应超过主力商品,否则会影响超市企业的特点和性质,破坏已形成的超市企业形象。

七、商品结构的完善与调整

超市商品结构的完善与调整,主要是指完善与调整主力商品、辅助商品和关联商品的结构。

在超市的经营活动中,主力商品应该占绝大多数,而辅助商品和关联商品的比重则应小一些。主力商品的数量和销售额,要占商品总量和全部销售额的70%～80%,辅助商品和关联商品约占20%～30%,其中关联商品应确实与主力商品具有很强的关联性。在经营过程中,如果发现企业商品结构发生变化,则应迅速调整,使之趋于合理。在超市经营商品的品种中,有相当部分由于供求的季节性波动而形成周期性的商品交替,这些商品有明显的季节性,所以企业要随着季节性的不断变更,随时调整商品结构。由于商品的季节比自然季节来得早一些,因此,企业应在季节到来之前调整好经营商品的结构。

第三节 "20/80法则"的内容及运用

一、"20/80法则"的产生及内容

"20/80法则"也称为帕累托定律、最省心法则或不平衡原则。1897年,意大利经济学家帕累托潜心于经济问题研究时,偶然发现英国人的财富与收益规模之间的关系,即"大部分财富流向了小部分人一边,被一小部分人所占用。而且这一部分人口占总人口的比例,与这部分人所占有财富的份额,具有不平衡的数量关系。进一步研究证实,这种不平衡模式会重复出现,具有可预测性。"此即"20/80法则"。"20/80法则"适用于经济生活的领域,也适用于社会生活的各个方面。

大量统计资料表明,"20/80法则"也同样适用于超市经营活动中,即卖场里80%商品的销售额只占总销售额的20%,而

20%的小部分商品的销售额却占总销售额的80%。经营者还发现，销售商品的种类永远无法达到平衡。利润最大的商品占销售商品总数的20%，所贡献的利润却占了全部销售利润的80%；反之，剩余的80%的商品贡献的销售利润，仅仅占了全部销售利润的20%。20%的小部分商品被称为"20%"商品，实际上就是超市经营中的主力商品。

需要强调的是：超市经营中的"20/80法则"仅仅是根据统计资料概括出的关于商品种类与对应销售额之间的近似比例值。不同企业该比例值不尽相同，有可能是32/68、14/86、10/90、25/75等。无论以何种程度的不均衡形式存在，对超市企业而言，都应该发现卖场中"20%"的核心销售商品，在那些能够贡献高利润的商品上下工夫。简单地说，就是发现超市中的主力商品或占据着销售营业额中大比重的商品。

但这并不意味着，超市企业的经营活动中只要掌握了20%的主力商品，其余商品就可以无所谓地随便对待。"20/80法则"只是让经营者更多注意重要的主力商品，如果不领会这一经营规则，就很有可能犯盲目引进新品、扩大产品线的广度与深度上的错误。其中新产品是指超市企业未曾销售过的商品。

二、"20"商品的确定方法

在超市企业的经营活动中，确定"20"商品的方法主要有信息资料统计法、调查分析法2种。

1. 信息资料统计法

信息资料统计法是指超市经营者根据POS系统汇集本企业2年来的商品销售资料，根据该资料确定"20"商品的一种方法。汇集的资料包括本企业2年来商品销售额排行榜、商品陈列面积排行榜、商品销售利润排行榜、商品销售比重排行榜、配送频率排行榜、商品占用资金排行榜等。通过对这些资料的归纳和分析，确定"20"商品的具体内容。

信息资料统计法以历史资料为依据，能够准确、直观、科学、全面地反映出超市企业的主力商品，为企业的经营决策提供了客观的依据。在超市企业的经营活动中，信息资料统计法是一种最常用的方法。

2. 调查分析法

如果是新开设的超市企业，则要用调查分析方法来确定"20"商品。根据本企业所处的经营商品种类、商圈位置、卖场面积等特点来选择所要调查分析的竞争企业。获取竞争企业信息资料的途径有2种：一是直接法，即指派或聘请调查人员在客流量较大的时段到竞争对手的卖场中观察记录商品销售情况，例如，观察竞争企业大卖场中主通道两侧货架的黄金陈列段部分、陈列端头、堆头的补货情况，如果补货频率高，就说明该商品销售情况好，就可将其列入"20"商品的备选目录中。二是间接法，即通过竞争企业的主管部门、行业组织，例如全国连锁店超市的信息网，获取相关的统计资料。这种方法操作起来比较省事，获取的资料也比较准确、全面。

超市经营者需要对通过调查人员实地观察获取的信息资料进行全面的对比分析，尽量剔除其中的偶然性因素。这种方法的效果直接取决于调查人员的专业素养，需要事先对调查人员进行系统的培训。通过这种方法来确定"20"商品，其工作量非常大。往往调查对象是一家经营商品多达10万种以上的企业，在短期内根本无法一一核实，并确定主力商品的具体品种。因此，这种方式适合调查中小型超市企业的主力商品时使用。

三、对"20"商品的营销策略

既然"20"商品能为企业带来"80"利润，就应该在日常营销活动中成为超市企业的经营重点。具体可从以下几个方面来进行"20"商品的营销管理。

1. 采购优先

"20"商品采购优先主要包括采购资金优先和采购订单优先。在资金方面，超市企业要确保"20"商品采购资金足额并及时给付，不能使"20"商品因资金不足而发生缺货、断货情况。

在确保采购资金的条件下，超市企业要优先确定"20"商品的供应商，要对下列问题进行考虑：选择单个还是多个供应商、是否全部选用本地供应源、直接向制造商购买还是通过分销商、供应商的规模等，如果采用互惠关系，达到何种程度。只有这样才能确保"20"商品有稳定的供应源，这也是实现超市企业销售目标的前提之一。

2. 货架陈列优先

在设计商品陈列时，要在最吸引顾客的陈列架上为"20"商品预留足够大的陈列面积，确保"20"商品有充分的展示空间。一般来讲，"20"商品应该陈列在卖场商品陈列的磁石点上，例如主通道两侧的货架、中间展示区的端头部位等。

3. 储存、配送优先

在物流配送中心，要将商品储存的最佳库位留给"20"商品，确保"20"商品以最短的路线流程、在最短的时间内被上架。

在商品的运送过程中,超市企业要优先以有效的运输方式、充足的运力将"20"商品保质、保量、准时地配送。

第四节 超市商品组合

一、超市商品组合的内容

超市商品组合,就是一个超市经营的全部商品的结构。它通常包括若干商品大类,即商品系列。每个商品系列又包括数目众多的商品项目(又称商品目录)。

商品大类是指一组密切相关的商品,因为这些商品具有配套性、替代性,能满足人们某一类需要;或者是指通过某种类型商店销售给相同顾客群的商品系列;或者是指属于同一价格档次的商品。商品项目是指某种商品大类中,不同款式、规格、颜色、型号的商品。

超市在经营中,可以根据自身经营面积的大小来体现是专门经营一个大类的商品(如食品),还是经营几种不同大类的商品(如音像制品、食品、洗涤用品等)。由于商品组合方式不同,会形成超市经营的不同特点。因此,认真研究商品组合的策略,对于超市开展经营活动具有十分重要的作用。一般来讲,超市经营商品的组合如图5—2所示。

在超市销售的商品中,食品类占的比例很大,日用品所占的比例很小,而食品类的各个具体项目,其所占比例又各自不同。它们在超市卖场货架中的面积比例见表5—1和表5—2。

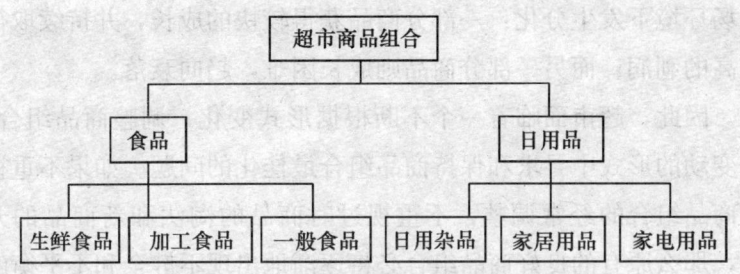

图 5—2　超市商品组合简图

表 5—1　　　　　　超市大类商品经营比例

商品类别	所占比例
食品类	75%
日用品类	25%

表 5—2　　　　　　超市食品类商品经营比例

食品类项目	所占比例
水果蔬菜	15%
肉食品	20%
日配品（包括烤制品）	20%
膨化食品	15%
饮料	10%
糖果及小食品	5%
调味品	10%
腌制品	5%

二、超市的最佳商品组合

商品组合策略只能从原则上提供商品组合的基本形式，由于市场环境和竞争形式的不断变化，商品组合的每一个决定因素也会不断变化，商品组合的每一个具体商品项目也必然会在变化的市场环境下发生分化：一部分商品获得较快的成长，并持续取得较高的利润；而另一部分商品则成长困难，趋向衰落。

因此，超市面临着一个不断根据形式变化，调整商品组合，在变动的形式中寻求和保持商品组合最佳化的问题。如果不重视对商品组合的经常调整，不重视过时商品的淘汰和新商品的开发，那么原有的良好商品组合必将逐渐地出现不健全和不平衡的现象。因此，每一个超市都应该经常分析本店商品组合的结构和状况，判断各商品项目在市场上的生命力，评价其发展潜力和趋势，不断对原有的商品组合进行调整。

评价商品优势的标准有很多，归纳起来主要有以下3个，即竞争性、发展性、盈利性。

1. 竞争性

竞争性是指商品在满足需要方面所具有的实力。具体表现在：商品的市场占有率和商品的商标、成本、包装、价格、质量、服务等一系列的综合能力。上述各种指标中，又以市场占有率最具有综合的代表性。

2. 发展性

根据商品生命周期理论，处于生命周期的成长阶段及成熟期初期阶段的商品，具有良好的发展前途，而成熟期后期或衰落期的商品则已不具备这方面的优势。评价商品的发展性应该超越超市的范围，从某一行业的同类商品的全部情况出发进行评价。表示商品发展性的指标主要是行业销售增长率。

3. 盈利性

由于经济收益既受商品经营管理水平的影响，又受其他因素的影响，因此表现盈利性的指标主要有：资金周转率、资金利润率、成本利润率、利润额等。其中，又以资金利润率更具有综合性的特点。

由于任何一个商品在市场上都要经历生命周期的各个阶段。因此，不可能要求所有的商品项目都处于最好的状态。即使各个商品都处于最理想的第一号位置上，这种情况也不能持久，而且是不太可能的。因此，超市所追求的最佳商品组合，只能是在一定的市场环境和超市的自身条件情况下，以及在可以预测的变动范围之内，能使超市获得最大利益的商品组合。这种商品组合中必然包括：

（1）目前虽然仍有较高的利润率而销售增长率已逐渐降低的维持性商品；已经决定逐步收缩其陈列空间，进行销售调整，最终要退出卖场货架的商品。

（2）目前虽然不能获利，但是有良好的发展前途的商品；目前已经达到高盈利率、高占有率和高成长率的主要商品。

三、商品组合优化方法

对于经营商品项目众多的超市，最佳商品组合决策是一个十分复杂的问题。许多超市在实践中创造了不少有效的方法。目前，由于系统分析方法和电子计算机的应用，为解决商品组合优化问题提供了良好的前景。下面介绍几种经过实践证明行之有效的方法。

1. 资金利润率法

资金利润率法是以商品的资金利润率为标准对商品进行评价的一种方法。

资金利润率是一个表示商品经济效益的综合性指标，它既是一个表示盈利能力的指标，又是一个表示投资回收能力的指标，它把采购一个商品的劳动耗费、劳动占用和超市的经营管理成果结合在一起,是超市经营管理方面经济效益的综合反映。

应用这种方法,把商品资金利润率分别与银行贷款利率、行业的资金利润率水平、同行业先进超市商品的资金利润率或超市的经营目标及利润目标相对比,达不到目标水平的,说明盈利能力不高。

也可以把超市各种商品(或系列商品)的资金利润率资料按超市经营目标及标准进行分类,结合商品的市场发展情况,预测资金利润率的发展趋势,从而做出商品决策。

2. 四象限评价法

四象限评价法(波士顿矩阵法)是一种根据商品市场占有率和销售增长率来对商品进行评价的方法,是由美国波士顿咨询公司提供的一种评价方法。

由市场占有率和销售增长率这2个指标以及它们的组合,就会有4种方式,形成4类商品,用图形表示就构成四象限图。如图5—3所示,横坐标代表市场占有率、纵坐标代表销售增长率。

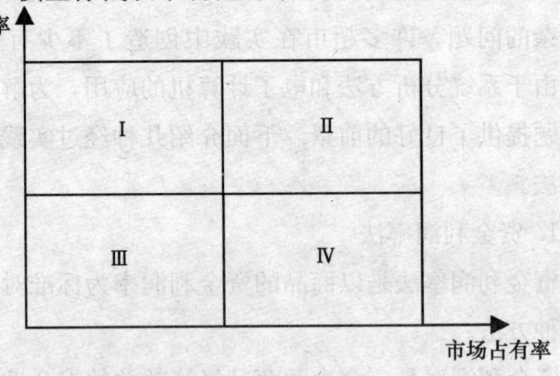

图5—3 波士顿矩阵

图解：

(1) 第Ⅰ类商品，是市场占有率低、销售增长率高的商品。这类商品在市场中处于成长期阶段，很有发展前途，但生产企业尚未形成优势，带有一定的经营风险，因此叫做风险商品或疑问商品。对这类商品，超市只需保留较小的陈列空间，多用POP促销，以扩大其知名度。

(2) 第Ⅱ类商品，是市场占有率高、销售增长率高的商品，很有发展前途，一般处于生命周期的成长期，是超市的名牌或明星商品。对这类商品，超市要在陈列空间、陈列技巧、促销投入诸方面给予巩固和支持，保证其现有的地位和将来的发展。

(3) 第Ⅲ类商品，它的市场占有率和销售增长率都低，说明商品无利润或微利，已处于衰退期，超市应果断地将其撤下货架。

(4) 第Ⅳ类商品，是市场占有率高、销售增长率低的商品，能带来很大的利润，是超市目前的主要收入来源，一般处于生命周期的成熟期阶段，是超市的厚利商品。对这类商品应增加陈列位置，运用POP促销措施来提高利润。

3. 商品环境分析法

商品环境分析法是把超市的商品分为6个层次，然后分析研究每一层次的商品在未来市场环境中的销路潜力和发展前景。其具体内容有：

(1) 超市目前的主力商品，根据市场环境的分析，是否继续发展。

(2) 超市未来的主力商品（一般是指新商品投入市场后能打开市场销路的商品）在未来的市场环境中的销路潜力和发展前景

如何。

（3）对于完全失去销路的商品或经营失败的新商品，一般应撤出陈列货架。

（4）过去是主力商品，而现在销路已日趋萎缩的商品，超市应做出缩小或淘汰的决策。

（5）在市场竞争中，能使超市获得较大利润的商品，在未来的市场环境中的销路潜力和发展前景如何。

（6）对于尚未完全失去销路的商品，超市可以采取维持或保留的经营决策。

4. 商品系列平衡法

商品系列平衡法是国外比较流行的一种商品优化的方法。它是把超市的经营活动作为一个整体，围绕实现超市的目标，从超市实力（竞争性）和市场引力（发展性）2个方面，对超市经营的商品进行综合平衡，从而做出最佳的商品优化决策。

商品系列平衡法可分为如下4个步骤：

（1）评定商品的市场引力，具体包括商品的市场容量、增长率、利润率等。

（2）评定超市的实力，具体包括超市的形象、销售能力、市场占有率、卖场陈列能力等。

（3）做商品系列平衡象限图。

（4）分析与决策。

四、淘汰疲软商品

所谓疲软商品，一般是指销售困难，不能为超市创造利润的商品。疲软商品，可能曾为超市创造过可观的利润，或者是超市得以成长的基本商品。随着市场技术的发展和市场需求的变化，获利商品最终变成了疲软商品，商品生命周期理论中这种现象是必然发生的。

1. 获利商品变成疲软商品的原因

(1) 促销的计划不当；

(2) 商品改革的进展不大或受到忽视；

(3) 顾客爱好的变化；

(4) 更好的替代商品的出现；

(5) 竞争商品大量涌入同一市场；

(6) 其他具体原因。

由于具体情况不同，疲软商品出现的方式，可能是逐步的或缓慢的，也可能是迅速的。商品疲软是可以预测和应付的。国外具有多种商品的超市为了能及时发现疲软商品并做出适当的决策，往往建立疲软商品的检查制度（即商情制度）。

2. 疲软商品处理方法

疲软商品如在市场上确已不能满足需要而又不能为超市带来经济利益，淘汰是不容置疑的。经营者如果没有这种魄力和决心，就会丧失市场机会，导致更大的损失。但是，对属于市场经营决策不当，而不是确实进入衰退期的商品，要改变市场经营策略，不能简单地加以放弃。确实已无可挽回地进入衰退期的疲软商品，经营者也需采取妥当的策略，有计划地予以淘汰。无条件地立刻淘汰，可能使超市蒙受更大损失，经营者可根据实际情况，采取以下策略。

(1) 逐步放弃策略。如果立刻放弃将造成更大损失，则应采取逐步放弃的策略。安排一个日程表，按计划逐步减少上货量，使有关的资源有秩序地转移，使替代的新商品逐步扩大上货量，使顾客的使用习惯逐步地改变,避免在顾客中造成商品被突然抛弃的印象。

(2) 立刻放弃策略。如果超市在预测的基础上准备了替代商品,即新商品;或该商品的资金必须迅速转移;或该商品市场售价过低,不能补偿成本;或该商品继续存在已危害其他有发展前途的商品等,则超市应采取立刻放弃的策略。

(3) 超市不主动放弃该商品,而是留在市场上直至其完全衰竭为止。采取这种策略,主要是着眼于对竞争形式的分析。商品进入衰退期总有一些处于竞争劣势的超市使疲软商品提前退出市场,而继续留存的超市就可以获得这些退出者留下的利益。采取这种策略的超市必须具有很好的竞争能力,同时也会面临较大的风险。

3. 采取自然淘汰策略的超市需要作进一步的策略抉择

(1) 集中策略。超市将其促销活动集中于最好的市场面和销售渠道上,对维持该商品的销售作最后的努力。

(2) 连续策略。超市继续其过去的经营策略,对原有的市场定位、促销措施、陈列空间、定价维持不变,使该商品继续自然衰退直至结束市场生命。

(3) 强制策略。超市不顾一切地大幅度降低销售费用,强制地降低成本。这种策略会加速商品的衰退,但在一定期间内销售量的下降滞后于推销费用的下降。所以在一个较短时期内,销售量可能会维持不变,或较慢地下降,超市将有可能增加利润。

总之,如何放弃疲软商品是超市最难做出的决策之一,首先,要能正确判断商品是否已进入衰退期;其次,对淘汰疲软商品要采取妥当的方式。解决好这个问题的基础就是要有健全的商情分析制度和确切的市场信息资料。

第五节　超市企业自有品牌的开发

一、超市企业开发自有品牌的意义

自有品牌（Private Brand，简称 PB）是指零售企业通过搜索、整理、分析消费者对于某类产品需求特性的信息，开发出来的新产品。零售企业在功能、造型、价格等方面对该产品提出设计要求，自设生产基地或者选择合适的生产企业进行加工生产，最终由零售企业使用自己的商标对该产品进行注册，并在本企业销售。例如，某品牌专卖店等。

与自有品牌相对应的是使用生产企业的商标，面向整个市场的 NB（Nation Brand）商品。

实践证明，零售企业要想在激烈的竞争中赢得优势，就必须在销售方式、销售服务等方面有一定的特色。超市企业非常了解目标顾客的需求状况，针对其需求开发的产品非常适销对路，不会形成库存积压，有利于超市企业扩大其经营规模。

开发自有品牌对于目前亟待改善的工商关系，也起到缓解作用，推动生产企业与零售企业由单纯的"供应—销售"关系，转变为"我设计—你生产"式的互惠互利合作关系。以法国零售企业加希诺为例，在它的超级市场中自有品牌商品的种类达 2 500 种，自有品牌商品的销售额占商品销售总额的 26%。开发自有品牌已经成为世界零售业发展的大趋势。部分西方国家零售企业目前自有品牌在百货类商品中的比重见表 5—3。

表 5—3　　　　　部分西方国家零售企业目前自有品牌在百货类商品中的比重

国家	法国	英国	加拿大	瑞士	德国	比利时
自有品牌商品在百货类商品中的比重（%）	16.4	37.1	25.0	41.2	17.0	19.8

对于超市企业而言，开发自有品牌除了上述意义以外，还有以下重要作用：

1. 自有品牌的商品仅在超市内部周转销售，减少了许多中间环节，节约了大量的交易费用和流通成本。由于连锁超市自身的规模效益，也大大降低自有品牌商品的实际成本。

2. 由于自有品牌商品的质量和标准是由超市企业自己设计制定的，因而自有品牌商品的开发有利于超市企业保证供应商品的质量，确保商品供应货源的稳定性。

3. 它可以提高超市的信誉，扩大企业的影响面。同时又可以弥补超市的利润市场，控制了一部分商品的价格，使超市具有一定的价格优势。

二、自有品牌商品的定价方法

超市企业开发自有品牌是推进其连锁经营规模迅速扩张的主要方式之一。因为连锁企业拥有自己的销售网络，通过该网络可以将自有品牌推向市场，以尽快获得消费者的品牌认知，而无需支付巨额的通道费和市场推广费。通常情况下，自有品牌商品的价格比同类产品低 30% 以上。需要说明的是，30% 的低价是最低的限度，达不到这个幅度就不足以刺激顾客的购买欲望，使顾客在利益诱导下自愿转换已习惯使用的商品的品牌。目前，在我国连锁超市企业中，自有品牌商品没有明显的价格优势，即与同类商品相比，其价格优惠达不到30%。

自有品牌商品的定价要兼顾到同类商品价格线的合理性，即对本企业已经推向市场的自有品牌的同类商品，一般要减少或只向少数厂家进小批量的货，这样做的目的主要有：

1. 在与同类商品的陈列比较中，充分显示出自有品牌商品的价格优势。

2. 限制同类商品的进货数量，一方面是为了将顾客的购买注意力人为地集中在自有品牌商品上，缩短顾客的品牌识别过程，使自有品牌尽快获得消费者的认可；另一方面，自有品牌商品与同类商品品牌之间的比较陈列，也给消费者提供了在品牌之间进行比较选择的余地。

三、开发自由品牌的方式选择

对超市企业来说，在开发自由品牌时应选择具有以下特点的商品：

顾客购买这类商品往往不会认牌购买，购买决策依据侧重于产品的质量、款式、价格等因素，例如睡衣、食品、毛巾等。顾客比较容易接受这类自有品牌的商品。

1. 可以选择一些保质期短、保鲜度要求高的生鲜食品。这样的商品非常利于发挥自有品牌商品的新鲜感强、渠道短的特点。

2. 选择技术含量和单价比较低的商品。技术含量较高的商品不利于寻找生产厂家，在生产过程中也不利于控制产品的质量和售后服务。

超市企业在经营自有品牌商品时，应当注意自有品牌商品销售价格的竞争力。一般说来，自有品牌商品的价格通常比同类商品的价格低30%左右。只有这样，才能使自有品牌尽快获得消费者的品牌认知，最终赢得消费者的品牌忠诚。另外，由于自有品牌商品属于高利润商品，所以应当将其陈列在卖场货架的黄金段位上，为其售卖提供便利条件。

下篇　商品陈列

下篇 商品流通

第六章
商品陈列基础知识

第一节 陈列的原则与区域

一、陈列的概念

商品陈列，就是将商品在超市的销售区域内进行摆放以达到商品销售的目的。陈列是商品销售的起点，没有商品陈列，或者某商品在超市中没有陈列出来，就没有商品销售；没有好的商品陈列，或者是陈列没有扮演好无声促销员的角色，甚至被顾客遗忘或忽略，就不会有好的商品销售。因此，超市的营运管理人员应非常重视商品陈列的管理。

超级市场商品的陈列是指超市应把能促进销售量提高的商品摆在最佳位置，以制造更多的销售机会，从而提高销售业绩。一个吸引人的卖场布局和陈列，会改善超市的形象。除了促进销售以外，它还有活跃店面的效果，能使店面外观丰富多彩。根据调查，70%的顾客表示是商品陈列吸引他们前来购物；22%的顾客表示商品陈列重要，但对此不是绝对在乎；只有8%的顾客表示商品陈列无关紧要。由此可见，商品陈列的功效。

商品陈列具体来说指的是企业为了最大限度地便利顾客购买，利用有限的资源，规划和实施店内总体布局、货架摆放顺序、商品堆码方式、广告橱窗设计，合理运用照明、音响、通风等设备，创造理想购物空间的工作。目的是创造更多的销售机会，从而提高销售业绩。商品陈列作用主要表现在刺激销售、方便购买、节约人力、利用空间、美化环境等几个方面。

二、商品陈列的设计原则

商品陈列的设计要求独特。无论是采用陈列的形式，还是散放的形式，都必须新颖独特，能够很快地引起顾客的注意，激发他"想了解"、"想购买"的欲望。具体来讲，在设计商品陈列时，必须遵循以下原则。

1. 造型简单、设计醒目原则

超市经营者要想使琳琅满目的商品给顾客留下深刻的印象，必须以简洁的方式、新颖的格调、和谐的色彩突出其形象，否则，就会被顾客忽视。

2. 重视陈列设计原则

商品陈列不同于节日的点缀，它是商业文化中企业经营环境文化的重要组成部分。因此，商品陈列的设计要有利于树立企业形象，要注意商品陈列的形式、悬挂以及货架的结构等，要加强和渲染购物场所的艺术气氛。

3. 强调现场广告效果原则

由于商品陈列具有直接促销的特点，经营者必须深入实地了解超市的内部经营环境，研究所经营商品的特色（例如商品的质量、档次、工艺水平、超市的知名度、售后服务状况等）以及顾客的心理特征与购买习惯，以求设计出最能使顾客动心的商品陈列形式。

三、商品陈列的主要区域

在超市的卖场中，商品陈列的主要区域有货位区、走道区、中性区和端架区。具体分布见图 6—1。

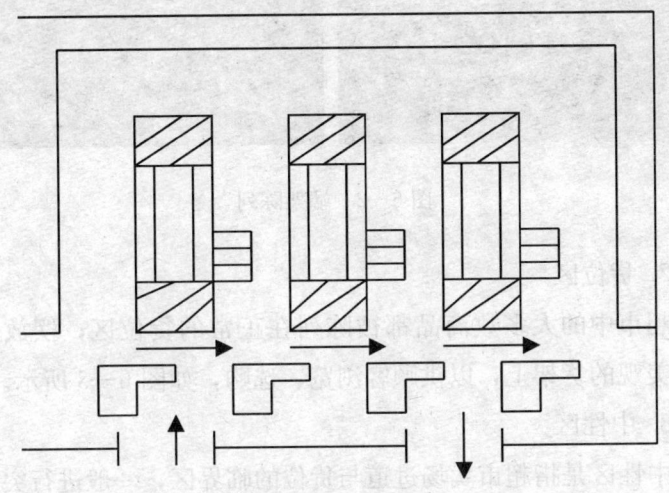

图 6—1 超市商品陈列的主要位置图

斜线部分为端架区；竖线部分为货位区；横线部分为中性区；箭头为通道

1. 端架区

它是指整排货架的最前端和最后端，即顾客流动线转弯处所设置的货架，常被称为最佳陈列点。端架区所处位置优越，人们一抬头就能看到它,因此很容易引起顾客的注意。端架区常常陈列一些季节性商品、促销商品、新上市商品或包装精美的商品,如图6—2所示。

图6—2 端架陈列

2. 货位区

超市中的大多数商品都被陈列在正常的货位区,摆放在整洁、美观的货架上,以供顾客浏览、选购,如图6—3所示。

3. 中性区

中性区是指超市卖场过道与货位的临界区,一般进行突出性商品陈列。例如,在收款台附近摆放一些小商品或自由品牌商品。

4. 通道区

为了吸引顾客的注意力,突出一些商品独特的个性以及售点促销的效果,在超市卖场的大通道中央常常摆放一些平台或筐篮,陈列价格优惠的商品。如图6—4所示。

图 6—3 货位陈列
a) 餐具陈列 b) 食品陈列

图 6—4 通道陈列
a) 通道陈列一 b) 通道陈列二

第二节 陈列的重要性

商品陈列是超市经营的第一步,商品陈列是艺术。我们常讲,商品是演员,卖场是舞台,货架是道具,顾客是观众,我们就是导演。如何让顾客喜欢你导演的节目,也就是如何通过陈列让顾客方便地找到商品,并通过陈列激起顾客的购买欲,从而达到提高客单量,增加销售的目的。

所以商品陈列与销售额有很直接的关系,水平陈列面的变化能引起销售额的变化。水平陈列面的变化引起销售额的变化如图6—5 所示。

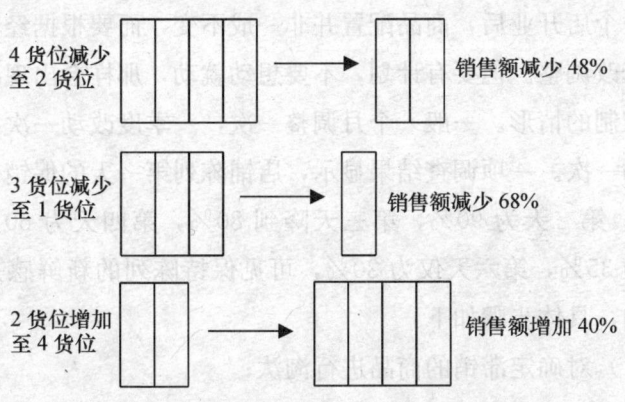

图6—5 水平陈列面的变化引起销售额的变化

下面就是几种商品陈列变化引起的销售额的变化。

1. 商品陈列面积大小变化引起的销售额的变化

对于相同的商品来说,店铺改变顾客能见到的商品陈列面,会使商品销售额发生变化。陈列的商品越少,顾客见到的可能性越小,购买概率就低,即使见到了,如果没有形成聚焦点,也不会形成购买冲动。

2. 商品陈列高低变化引起的销售额变化

商品陈列高低的不同,会有不同的销售额。根据实践经验,在平视及伸手可及的高度,商品售出率约为50%;在头上及腰间高度,售出率约为30%;高或低于视线之外,售出的可能性仅为15%。或者说,将货架分为三段:中段为黄金位置,陈列主力或推广商品;次上段、次下段为陈列次主力商品;上段和下段为顾客不易拿到商品的位置,一般陈列低毛利、补充性和体现量感的商品,上段还可以有一些色彩调节的装饰陈列。

3. 陈列时间变化引起的销售额变化

一个店开业后,商品配置并非一成不变,而要根据经营情况进行修改调整。但要有计划,不要想动就动,那样会出现凌乱且不易控制的情形。一般一个月调整一次,一季度改动一次,一年大变动一次。一项调查结果显示,店铺陈列第一天的促销效果是100%,第二天为90%,第三天降到80%,第四天为60%,第五天35%,第六天仅为30%,可见保持陈列的新鲜感是很有必要的,具体步骤如下:

(1) 对确定滞销的商品进行淘汰;

(2) 调整畅销品的陈列面及新品的导入;

(3) 实际操作。

商品陈列的变化能引起销售额的变化,因此,为增加销售额,成功的商品陈列要遵循以下四条标准。

(1) 给顾客齐全丰富的印象;

(2) 顾客不用询问就可以找到;

(3) 便于进行商品管理;
(4) 与商品相关的其他商品可以提示购买。

第三节　陈列的基本工具

陈列工具不单纯是陈列商品的载体,更重要的是通过陈列工具能够使人们将各种商品加以区别,对顾客产生更强的吸引力。所以,任何一个超市都必须认真研究和选择、使用好陈列工具。

陈列工具有木制的、塑料的、金属的、玻璃的等等,这些材料也用于商店的柜台、货架和橱窗的制作,不过这些都是使用时间较长的,而陈列工具则是附属于这些设备的,是为了某一特定商品类型而设置的。商品特别是服装,放在陈列工具上,可以生动地表现商品的特点和轮廓,可以从不同的视角去表现,甚至可以产生戏剧性的效果。总之,陈列用具在商品陈列中起着不可估算的作用。一个现代化的超市有效地陈列和展示商品,必须有一些基本的陈列工具,并加以正确地选择和利用。

一、陈列用具

陈列用具可分为若干类。就陈列支架来说,就分头饰架、体形架、斜立架、支架、托架、布景道具和多层陈列架等等。这些架子的应用,要依靠陈列人员的经验和知识来安排处理,很难一概而论地列出其使用场合和使用技术。

支架是使商品陈列获得一定高度的基本用具,有可调节的伸缩结构,用来适应不同的要求。支架高度一般在 $360\sim880$ cm,有的伸缩结构可以将支架的高度增加 1 倍。顶端可用旋钮固定各种形状的顶端装置,以配合不同类型的商品的展示,这种支架对陈列人员来说，使用最广泛，实用价值最大。

可以固定在支架顶端的附件和装置包括有T形装置、外衣装置、女性内衣装置、胶木装置以及放鞋装置。这些装置使支架的作用防范化，实用价值更大。

1. 头饰架

头饰架主要用来陈列帽子，也可用来陈列皮毛巾或珠宝项链等。有的架头或作成人的头形，并带有各种面部表情；有的制作成椭圆形，并无人头特征；有的用金属线编织。如果装置在辅助支架上，可作高度调节。头饰架的作用，可以使陈列生动，这并非是因为这种架制成头形，而是应用这种架子陈列可使整个陈列具有一定高度和深度，出现生动的场面。

2. 体形衣架

体形衣架是陈列用具中最大的分类。其形式有全身型或半身型，一般都是用橡胶、纸板、塑料、石膏或有机玻璃等材料制成的。塑料采用的是不致于老化的破碎的塑料，而且外面按照人的皮肤特征加工。这类衣架实际上就是模型人，十分逼真。陈列人员把陈列的服装套上时必须留意，移动时需要十分小心，特别是全身型的体形衣架容易损坏。这种体形衣架是陈列用具中比较昂贵的一种。

体形衣架全身型的分为女性、男性和儿童三种，为了方便将服装套上，一般都设计成可以拆卸一部分，通常是手脚可以活动或拆离。因为手臂是活动的，所以可以将其摆放在某一位置，做出一个姿势，使人看上去栩栩如生。

肢体架也属于这类架子，不同的是它们是人体的一部分，通常是手、臂或脚，这种架子是独立的，在陈列中主要用来陈列手套和袜子。陈列手套的是手形架，也可以挂项链，还可以套上袜子，表现袜子质地薄而透明。脚形架用来陈列袜子和鞋，也可以挂放新潮的牛仔裤料等。

陈列男女外衣的半身型架仅为人体的躯干部分，没有头和手，造价较全身型的低，也能陈列外衣，与全身型的效果差不多。有的陈列女性罩衣的体形衣架，只有前面部分作体形雕塑，后面是平的，即只表现女性身体前面和后颈部到臀部的部分。这种模型可装在支架上，调节不同的高度。

3. 斜立架

斜立架与其他陈列用具相比要小一些，但对于陈列书籍、玻璃器皿、化妆品、家庭日用器皿和其他小型物品等，非常实用。斜立架可由金属、木料、橡胶、塑料等制成，而且造价较低，可以用其放置货价卡片，或者作小型搁板的支撑架。

4. 平台架

平台架与多层陈列架和陈列道具具有相同的作用，可以把商品陈列得像舞台布景一样，每件商品可以用不同的形式表现出来，在陈列人员的设计和安排下，变换不同的样式。平台架将陈列面升高，台面又可再放置其他陈列用具，在超市内部，用这种平台架陈列商品可以避免顾客在走动时踩踏到陈列的商品。

5. 多层陈列架

多层陈列架与平台架不一样，这种架有时可以从天花板吊下，可以用来陈列几种商品，也可以作陈列背景，还可以将商品陈列得看不到架子。这种架子的构造别致，其应用价值取决于不同的艺术设计。架子有独立结构，也可是挂式的，而且4面均做造型加工，以便在壁陈列或中间暴露式陈列时，可从不同的角度观看。

6. T 字形装置

利用很广的直线型装置,适用于悬挂围巾、纺织衣料以及各式毛巾。床单、桌布和地毯等悬挂在上面,看上去也颇为雅致。

7. 内外衣装置

内衣和外衣装置呈曲线形,是按人的肩部形状特点模仿制作的,外衣装置用来陈列运动衣、一般衫衣和外套。将架子调整到适当的高度,悬挂服装后,可以表现出人的大致外形,两袖下垂,肩部圆滑。内衣装置主要是悬挂女性无袖衫衣,它与外衣装置的差别在于横杆的两端向上,以免肩带滑落,偶尔也可以悬挂跨肩手袋,这时一般加挂围巾衬托。

8. 胶木装置

胶木装置一般都用于陈列衬衣、男性内衣、睡衣等,而且是折叠陈列,因为商品出厂时就作了折叠包装,为减少这种陈列的单调,可将衣袖拉出,模仿人的某一种姿势,用小钉固定在装置上。胶木装置呈长方形,并可从下面调节角度。

9. 放鞋装置

放鞋装置与胶木装置相类似,可以调节高度和倾斜度,以方便向顾客展示鞋的面貌特征,这种装置可以使陈列的鞋看上去整洁有序。由于有铁针扣住鞋跟,即使陈列的鞋有较大的倾斜度,也不致于滑落。

10. 货架

货架有不同构造形式和规格,其设计既要讲究灵便、牢固、实用,便于营业员操作,便于消费者参观,又要适应各类商品的不同要求。有些商品的货架可分为 2 层,上层用于陈列商品,下层用于储备商品,以便周转。超市为了节省空间,充分利用货架的陈列功能，往往采用全开放式货架，将需补充的商品整箱地放置在陈列的货架上方，可方便地取放。

货架规格一般长大于1.2 m，宽为70～90 cm，高度不超过2.1 m，以人目视高度1.5 m为标准，60～175 cm是顾客容易注视的有效范围，80～130 cm是最富吸引力能充分展示商品的"黄金区"，175～210 cm这一区域难以近距离注视，但是可以远距离注视，也具有展示商品的价值，再往上则陈列效果较差。当然，以上数据并非完全固定，应依习俗、商品种类、地理条件等变化。

货架的制造材料有很多种，如塑料、木制、金属、玻璃等形式。一般超市使用的是金属货架，坚固耐用，不会变形。陈列水果和蔬菜的货架，最好选用木制的展示台，下面还可放置干冰以达到保鲜的目的。设计的货架最好可拆卸组装，每层隔板能上下调节，能适应不同形状大小的商品需要。货架的构造一般采用通用的长方形，通用货架制作成本低，互换性好，实用方便。但是，在布置商品陈列时，总使人感到呆板、单调、缺少变化。

为了使商品陈列布置得更美观，很多超市根据营业场所的实际特点设计了异形货架，如三角形、梯形等。但要注意，那种两端是半圆形的双面组合式货架已经淘汰，因为两端是顾客在超市内巡回最频繁地带，半圆形的货架无法有效地被利用起来陈列商品，这无疑浪费了宝贵的陈列位置。

11. 隔物板

隔物板主要用来区分隔离2种不同的商品，避免混淆不清。而在长度的选择上，通常货架上段多采用较低且短的隔物板，货架下段则多采用较高的隔物板。

12. 护栏

为避免顾客在选购某些易碎物品时失手打破造成伤害或损失，超市多会在栅板的前缘加上护栏，严格说来，护栏并非绝对必需品，但对高单价或易碎商品，加上护栏，会较有安全感。

13. 践板

为避免商品直接与地面接触受潮，必须使用践板垫在最底层。最好使用木制、正方形的践板，这样便可以依场地所需任意组合。

14. 价格卡

放置于货架或冷藏柜棚板前缘或沟槽内之小卡片。价格卡上注明品名、货号、售价等，可供顾客购物时参考及陈列位置管理之用。价格卡用来标示商品售价并进行定位管理，若超市使用电子订货系统（EOS）订货，应用价格卡比较方便。价格卡一般皆以计算机打印，内容包括商品地条码、号码、售价、排面数，常贴于该项商品陈列的货价凹槽内。除非商品配置改变，否则价格卡不需要移动。价格卡也可采用不同颜色，以区分存货，使订货、盘点更迅速。

二、陈列设备

一般来说，超市中易腐食品的销售量约占总销售量的45%～55%，这就对温度控制设备的配备提出了较高的要求。超市在设计中必须考虑到，使用什么样的设备，每一种设备的具体位置，如何与冷凝器和压缩机相连接。在冷却过程中，排出的热量会使店内温度升高，因而要加强空气调节等等。同时，还必须注意陈列柜的选择和使用，虽然在顾客眼里，陈列柜都是相同的，区别仅在于陈列的商品不同而已。其实并不是这么简单，陈列柜不仅种类有着很大的区别，重要的是要充分考虑决定陈列柜型号式样的各种因素。

1. 食品陈列设备

鲜肉陈列柜一般都比较低，前高约 37 cm，后高约 39 cm，其高低差为 2 cm，不但可用以显示插签槽的价目，还可以避免单调的外型，并可由后面补货。同时，货架可以上下调整，无论货多货少，都可由工作人员用悬挂架将冷肉片由后方装入气幕陈列柜。

许多超市用同一种箱柜陈列所有的肉食品，陈列长度可用三架器来延长，以便陈列肉食品。香肠、罐装火腿和数量大的品种可放在底层，切割好的冷藏食品则需要放在上面 2 层货架上，最顶端则陈列非冷藏项目的肉食品。小型岛式陈列箱柜用于没有设置特定区域或过道上陈列的特别项目，或陈列各式香肠、罐装火腿等。有的超市用服务式陈列柜供应鱼、肉、家禽及特种肉食品等，这种柜长有 8 m、10 m、12 m 不同型号，只有一层架子。

2. 果蔬陈列设备

超市用冷藏果蔬陈列柜陈列容易腐烂的果蔬时，通常使用后镜柜，借着后镜，可使陈列食品的色泽更醒目，而且看起来更大些。配置适当，确实能给顾客带来深刻印象，但是如果缺货或处理不当，镜子的作用就适得其反，所以应注意随时随地保持后镜柜台商品的充实无缺。有的在陈列时加用冰块，以保持果蔬所需要的温度和水分，使商品更有新鲜感。

一般情况下果蔬陈列柜都做成 3 层式，长度在 8 m 或 10 m，底层陈列需求量大的或包装好的项目，中层放小件或包装好的项目，上层则放已经包装好的特别项目。各层间的颜色适当调节，以增强观赏的情趣。

3. 乳制品陈列设备

3种最普通的陈列柜为3层或4层式、气幕式和启门式。

3层或4层式柜比较普遍，最底层放牛奶、蛋、奶油及其他大宗项目，中层放各种卷食、干食品等，顶层则放非冷藏的乳制品。启门式陈列柜将乳制品冷库作为陈列的一部分，而且置于过道的货架上和门边，通常将奶油、牛奶等放在冷库内，并可从后面装入货架。气幕式陈列柜以气幕门代替手开门，而且由前面装货，其中较大的下层陈列牛奶和蛋，上层陈列小食品之类的项目。大部分的奶制品陈列柜都靠墙放置，并从前面装货，所以也就不需要采用启门式柜子了。

4. 冷冻食品陈列设备

标准的冷冻食品陈列柜由前面装货，靠内侧有1层或2层的货架，以陈列相关项目或冲动性购买项目，而且可以从柜旁两端拿取食品。冷冻食品柜从最高装货线到底深度为12~17 cm，大部分的项目都只放置1行，其宽度为25~35 cm。容量是十分有限的。改进后的陈列柜为较大的岛型冷冻柜，在其中央有一对T形货架，通常顶层比下层要宽，而且占地较多，但却可以相对地使用2面陈列。空间利用的另一种情况是使用多层冷冻柜，过去采用的是同底的双层冷冻货架，以储入特制的冷冻项目，其次是3层式。两者都可以在橱柜顶层陈列冲动性购买的项目。现在多层冷冻食品柜，无论是数量还是型号式样、质量都发展很快，完全能够满足需要。

以上只是对超市的陈列用具和主要设备内容所做的重点介绍，实际需要还远不止这些，除此之外还有食品杂货的陈列设备、收银台设备、作业设备、非食品陈列设备、其他设备等等，都需要认真配置、核实，来不得半点疏忽，否则可能会酿成大错，带来不良影响。

第七章
商品陈列原则和要求

第一节 商品陈列的原则

商品陈列是无声的推销员,一旦你精心地将商品陈列好,它们将一如既往地执行它们的促销作用。要达到无需经过语言媒介就能与消费者有效沟通的效果,有效的商品陈列是极其重要的。

商品在店堂里不是随意堆设的,也不是简单归类并堆放整齐就可以的。超市公司总部对商品陈列的管理主要通过商品配置表和日常督导来实施。通过这些精心安排的商品陈列,实现某种特定的安排,收到预期的效果。

营业面积在 400 m^2 左右的超市,其商品的陈列总数在 4 500 种左右(按卖场面积每平方米陈列商品总数 11~12 个计),而顾客平均

1次的购物时间为20~30 min，如果在这段时间内将这几千种商品一一看遍，每一种商品最多只不过看0.25~0.4 s。实际上顾客并不可能看到每一种商品，只是重点地找一些预先考虑要购买的商品，或者由于某种陈列的商品特点引起了顾客的注意，促使顾客能清楚地了解什么样的商品在什么样的地方，更重要的是要让商品的陈列能达到商品自己向顾客最充分地展示自己、最充分地促销自己的效果。因为在自我服务的超市中，不采取直接向顾客介绍商品和推销商品的方式（除非顾客提出要求），商品的陈列就成了超市商品销售的主要的经营技术，也可以说在超市中商品销售就是从商品陈列开始的。

既然商品陈列是超市销售的开始，商品陈列如此重要，那么在商品陈列中应注意的原则有哪些呢？比较普遍的商品陈列的原则有：

一、区分定位原则

所谓区分定位，就是要求每一类、每一项商品都必须有一个相对固定的陈列位置，商品一经配置后，商品陈列的位置和陈列面积就很少变动，除非因某种营销目的而修正配置表。这既是为了使商品陈列标准化，也是为了便于顾客选购商品。要很好地贯彻区分定位原则，应注意以下几个问题：

1. 向顾客公布货位分布图，并按商品大类或商品群设置商品指示牌，使顾客一进门就能初步了解自己所要买的商品的大概位置。

我国目前大部分超市和便利商店的商品标示牌一般都是平面式的，如果能改为斜面式将更能使顾客一目了然。同时，标示牌的形式也可以灵活多样，依商品类别与陈列位置的不同而变化。

2. 为便于消费者购买日常生活小商品，可在开架陈列区外设置"便民服务柜"，实施面对面销售。

3. 相关商品的货位要布置在邻近或对面，以便于顾客相互比较，促进连带购买，如录像带与录像机、胶卷与相机，再如蔬菜与肉禽蛋，调味品与鲜肉制品等。

4. 把相互影响大的商品货位适当隔开，如串味食品、熟食制品与生鲜食品、化妆品与烟草、茶叶、糖果、饼干等。

5. 把同类商品纵向排列，即从上而下垂直陈列，使同类商品平均享受到货架上各位段的销售利益。同类商品垂直陈列的好处是：使同类商品是一个直线式的系列，体现商品的丰富感，会起到很强的促销效果。同时也不会出现由于同类商品的横向陈列造成其他类别商品所应享受的货架位段平均销售利益降低现象。

6. 经常调整商品货位，分区定位并不是一成不变的，要根据时间、商品流行期的变化，随时调整。但调整幅度不宜过大，除了根据季节以及重大的促销活动而进行整体布局调整外，大多数情况不做大的变动，以便于老顾客凭印象或感觉找到商品的位置。

二、变化性陈列原则

变化性陈列，常见的有大陈列、端架陈列、槽沟陈列、凸出陈列和比较性陈列。常用来做特卖商品的陈列或某种活动的陈列，其时间一般只有3～5天左右。

1. 大陈列

大陈列又称为堆箱陈列，即在卖场开出一个空间，将单一商品或2～3个品项的商品作量化陈列，进行大陈列的诉求有：价格诉求；季节性诉求；行事或节庆的诉求；新上市的诉求；媒体大量宣传。

2. 端架陈列

端架即货架两端,这是销售力极强的位置。端架陈列可以是单一品项,也可以是组合项,以后者效果为佳。端架组合陈列应注意:品项不宜太多,一般以5个为限;品项间要有关联性,绝对不可把无关联的商品陈列在同一个端架内;在几个组合品项中可选择1个品项作为牺牲品,低价出售,以带动其他品项的销售。

3. 槽沟陈列

在货架中把几块棚板除去,挑选一到两个品种做成半圆形的量感陈列,陈列量是平常的4~5倍,以吸引顾客的眼光,这种陈列即为槽沟陈列。不过这种陈列手法虽然可以使卖场活性化,但是却不宜在整个卖场出现太多,最多不超过3处。这样才能使新上市的商品或高利润的商品达到最好的陈列效果。

4. 凸出陈列

将商品放在篮子、箱子、车子或凸出板内,陈列在相关商品的旁边销售,主要目的是诱导和招揽顾客。应注意:

(1) 凸出陈列的高度要适宜,既要能引起顾客的注意,又不能太高,以免影响货架上商品的销售效果;

(2) 凸出陈列不宜太多,以免影响顾客正常的路线;

(3) 不宜在窄小的通道内做突出陈列,即使比较宽敞的通道,也不要配置占地面积较大的突出陈列商品,以免影响通道顺畅。

5. 比较性陈列

即把相同商品,按不同规格、不同数量予以分类,然后陈列在一起。比较陈列法就是要促使顾客更多地购买商品。例如1罐可乐售价2元,而旁边陈列的包在一起的6罐可乐只卖10.8元,而包在一起出售的12罐该饮料只卖19.8元。这样把单个装、6个装、12个装的饮料陈列在一起,就可使顾客比较出买得越多就越便宜,因而刺激顾客购买量多的包装,以达到促销的效果。值得注意的是,在进行比较陈列的作业时,要多陈列包装量大的该商品,而包装量小的该商品就相应的少一些,以明确为顾客指出购买的方向。一般来说,比较陈列必须事先计划好商品的价格、包装量和商品的投放量,这样才能保证既达到促销的目的又保证连锁超市的整体赢利水平。

三、易见易取原则

所谓易见,就是要使商品陈列容易让顾客看见,一般以水平视线下方20°点为中心的上10°、下20°范围为容易看见部分。所谓易取,就是要使商品陈列容易让顾客触摸、拿取和挑选。

超市出售的商品,绝大部分是包装商品,包装物上都附有产品说明,包括商品的品名、质量、价格、成分等。商品在货架上的显而易见是销售达成的首要条件,如果商品陈列使顾客稍微有看不清楚,就不会引起顾客的注意,商品就无法销售出去。因此,顾客看不清楚什么商品在什么位置是陈列的大忌。超市不应该有顾客看不到的地方或商品被其他东西遮挡的情形出现。要让卖场内所有的商品便于顾客看清楚的同时,还必须让顾客对所有看清楚的商品做出购买与否的判断,尽可能激发顾客产生冲动性购买的心理。

1. 商品陈列使顾客显而易见

(1)贴有价格标签的商品正面要面向顾客,在使用了POS

系统（即销售点实时管理系统，就是采用条码技术和收款机进行销售数据的实时输入、跟踪、处理，并根据这些数据对销售动态进行详细、准确、迅速的分析，为商品的补货和管理提供信息依据的管理系统）的超市，一般都不直接在商品上打贴价格标签，所以必须要做好该商品价格牌的准确制作和位置摆放。

（2）每一种商品不能被其他商品挡住视线。

（3）货架下层不易看清的陈列商品，可以倾斜陈列。

商品陈列在做到"显而易见"的同时，还必须能使顾客自由方便地拿到手。在超市陈列的商品，不能将带有盖子的箱子陈列在货架上（仓储式销售货架除外），因为如果这样顾客只有打开盖子才能拿到放在箱子里的商品，而这对顾客是很不方便的。另外，对一些挑选性强，又易脏手的商品，如分割的鲜肉、鲜鱼等，应该有一个简单的前包装或配有简单的拿取工具，方便顾客挑选。

要使顾客伸手可取到商品，最重要的是要注意商品陈列的高度。例如，超市中高个子的男工作人员常常将商品陈列到自己的手够得着的地方，而到超市购物的顾客大多是女性，因而往往不便拿到高处商品。统计资料表明，女性平均身高要比男性矮 10～20 cm。特别是一些需要数量感的陈列商品，往往堆得很高，这时就要考虑在近旁再堆放陈列一些该种商品，让顾客伸手可取。商品陈列伸手可取的原则还包含商品放回原处也方便的要求，如果拿一个商品可能会打坏或不容易再放回去，顾客就不愿意去拿，就是拿到了手也会影响其挑选观看的兴趣，使销售由于陈列不当而受阻，所以要特别重视商品伸手可取又要很容易地放回原处的陈列原则。另外，要符合伸手可取原则，还要做到陈列的商品与上隔板保持一定的距离。货架上的商品陈列要放满，但不是说不留一点空隙，如不留一点空隙，消费者在挑选商品时就会感到很不方便，应该在陈列商品时与上隔板之间留有 3～5 cm 的空隙，便于顾客取放自如。

2. 常用的分段方法

（1）上段。即货架的最上层，与顾客的视线高度相平的地方，其高度一般为 120～160 cm，该段位通常陈列一些推荐商品，或有意栽培的商品，该商品到一定时间可移至下一层即黄金线。

（2）黄金线。其高度一般在 85～120 cm 之间，它是货架的第二层，是人眼最容易看到的，手最容易拿取商品的陈列位置，所以是最佳陈列位置。此位置一般用来陈列高利润商品、独家代理或经销商品、自由品牌商品。该位置最忌讳陈列无毛利或低毛利的商品，那样将对超市造成重大损失。

（3）中段。即货架的第三层，其高度约为 50～85 cm，此位置一般用来陈列一些低利润商品或为了保证齐全性的商品，以及因顾客需要而不得不卖的商品。也可陈列原来放在上段或黄金线上的已进入衰退期的商品。

（4）下段。即货架的最下层，高度一般在离地 10～50 cm。这个位置通常陈列一些体积较大、重量较重、易碎、毛利较低，但周转相对较快的商品，也可陈列一些消费者认定的品牌商品或消费弹性低的商品。

商品陈列位置的分段如图 7—1 所示。

如图 7—1 所示，假设 a 点为人的眼睛，他所看得最多的位置就是 B 格（即黄金线），其次就是 A 和 C，再次是 D。排除不

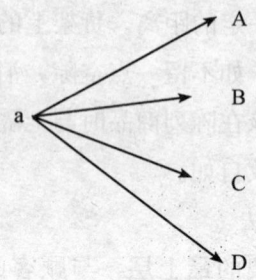

图7—1 商品陈列位置的分段

同商品的销售力而言,同一种商品在A、B、C和D格,顾客拿得最多的就是B格的商品,它们的比例基本上是1∶3∶2∶1,因此我们要充分利用好这些能创造不凡业绩的空间位置。

现将B格独立出来看,在这一格的中间位置又是最好的,顾客在这段位的关注度也稍多一些。同样的试验表明,对相同的商品,中间位置离顾客最近,最容易拿到,对同一格不同商品的比较,顾客也会站在中间的位置去进行比较。因此,可将此位置视为一格或这一整排货架的促销区,其陈列面积应为其他排面面积的1.5~2.0倍,扩大陈列面积可增加销售额。其他格也依次类推。就A格而言,A格因为顾客目光要往上仰看,造成一仰角,故商品在这一格的陈列最好顺应视线阶梯摆放,这样可形成立体美感。对于B格而言,因为顾客可平视,最好将商品填满,才有丰满度,才有量感。同时商品尽量往外面靠,这样在补货时由里至外,可确保商品先进先出的原则。

对于C格和D格而言,顾客一般不会蹲下来看,因此底层商品也不必堆放太多,否则会使顾客看不到商品的模样。有些商品将广告印在底部,如果将商品堆得顶到了上一格货架的层板,那么顾客就看不到这部分了。但可将里面的空间堆满,这样即使顾客蹲下来看也会有量感。

四、满货架陈列原则

货架上的商品要时刻处于整齐放满陈列状态。满货架陈列的意义有以下几个方面:第一,可有效地利用陈列空间;第二,如果货架不是满陈列,易使顾客形成"这是卖剩下的商品"的不良印象,会降低销售额。有些商品即使是满放的,但由于陈列方法不对,没有"站起来",都"躺"在那里,其销售效果也会不理想;第三,货物满放可以给顾客一个"商品丰富"的好印象,起到吸引顾客注意力的效果利于提高商品自身表现力,进而促进销售;提高商品周转的物流效益。因为货架上放满了商品,可以提高货架的销售与储存功能,相应减少超市内仓的库存,从而加速了商品周转。

据国外一项调查表明,放满陈列的超市和做不到满陈列的超市相比,其销售额按照不同种类的商品可分别提高 14%~39%,平均可提高 24%。那么,陈列架上要放满商品,到底有什么规定呢?一般来说有 2 条规定:第一,每一个商品在货架上的最高陈列量可以通过排列面设计数来确定;第二,按一定的面积陈列的商品品种数,一般可按各类不同业态模式的超市的具体要求来确定,也就是说满陈列是单品陈列数和商品品种数的有机结合。货架每一格至少陈列 3 个品种(目前,国内货架长度一般是 1.0~1.2 m),畅销商品的陈列可少于 3 个品种,保证其量感,一般商品可多于 3 个品种,保证品种数量。按每平方米来计算,平均要达到 11~12 个品种的陈列量,也就是 100 m^2 的便利店至少经营品种达 1 200 种左右。500 m^2 的超市达 5 000~6 000 种左右，1 000 m² 的超市要达到 10 000 种以上。

但是，为了做到商品的满陈列，往往不是一家超市一厢情愿的事情，因为许多商品从订单到进货这一阶段，存在着一个时间差，在这个阶段里会出现某些商品补充不足。这时可将销售率高的其他商品用来填补空缺的货架空间，而决不能用相邻的商品来填补，除非该商品也是销售率高的商品。但要注意的是，用来临时填补空缺的商品，要和相邻的商品有一个品种和结构之间的配合。

五、先进先出原则

商品在货架上陈列的先进先出，是保持商品品质和提高商品周转率的重要控制手段，对于运用敞开式销售方式的连锁商店应该尤为重视这一原则。

当商品第一次在货架上陈列后，随着商品不断地被销售出去，就要进行商品的补充陈列，补充陈列的商品就要依照先进先出的原则来进行。其陈列方法是先把原有的商品取出来，然后放入补充的新商品，再在该商品前面陈列原有的商品。也就是说，商品的补充陈列是从后面开始的，而不是从前面开始的。这种陈列法就叫先进先出法，因为顾客总是购买靠近自己的前排商品，如果不是按照先进先出的原则来进行商品的补充陈列，那么陈列在后排的商品会有永远卖不出去的可能。一般商品，尤其是食品都有保质期限，因此消费者会很重视商品的出厂日期，用先进先出法来进行商品的补充陈列，可以在一定程度上保证顾客买到商品的新鲜性，这是先进先出法保护消费者利益的一个重要方面。

这里，有 2 点要特别注意：

1. 排在后面的商品比较容易积灰尘，所以要特别重视后排商品的清洁，一般可用掸子或抹布进行清扫。

2. 当某一商品即将销售完毕时，暂未补充新商品，这时就将后面的商品移至前排陈列销售，绝不允许出现前排空缺的现象。

六、关联陈列原则

超市的商品陈列，相当强调商品之间的关联性。我们常常看到许多关联性商品往往是按照商品的类别来进行陈列的，也就是在一个中央双面陈列货架的两侧来陈列相关联的商品，但这种陈列法往往是错误的。因为顾客常常是依货架的陈列方向行走并挑选商品，很少再回头选购商品。所以关联性商品，应陈列在通道的两侧，或陈列在同一通道、同一方向、同一侧的不同组货架上，而不应陈列在同一组双面货架的两侧。

除此以外，把不同分类但有互补作用的商品陈列在一起，也体现了关联性陈列的原则。其目的是使顾客在购买商品 A 后，也顺便购买陈列在旁边的商品 B 或 C。例如，在陈列的肥皂旁边也可以同时陈列肥皂盒。关联陈列法可以使超市卖场的整体陈列活性化，同时也大大增加了顾客购买商品的卖点数。掌握关联陈列法的原则是，商品之间必须有很强的关联性和互补性，要充分体现商品在消费者使用或消费时的连带性，如消费者使用录音机也必须要使用录音带。关联陈列时往往要打破商品分类之间的区别，所以要尽可能再现消费者在生活中的原型。如浴衣属服装类，可以与洗澡的用品和用具陈列在一起，因为这正是消费者生活的原型。

将关联性强的商品靠近陈列，凡是临近的商品区域或商品货架，一定要彼此密切相关联。顾客在卖场中由一个商品区域到另一个商品区域时,其感觉应该是在关联中逐渐过渡。关联感能诱导顾客延长采购时间,走过尽可能多的商品区域,经过尽可能多的货架,从而增加采购量。

七、同类商品垂直陈列原则

敞开式销售方式的兴起,使得连锁商店内相当一部分商品运用货架陈列,这就要求货架上同类的不同品种商品要做到垂直陈列,而避免横式陈列。同类商品垂直陈列的好处是:第一,同类商品如果不垂直陈列,顾客在挑选同类商品的不同品种时会感到很不方便,因为人的视线是上下移动方便,而横向移动其方便程度要比上下移动差一些,横向陈列会使陈列系统较乱,而垂直陈列会使同类商品呈一个直线式的系列,体现商品的丰富感,会起到很强的促销效果;第二,同类商品垂直陈列会使得同类商品平均享受到货架上各个不同段位(上段、黄金段、中段、下段)的销售利益,而不至于产生由于同类商品的横向陈列,而使同一商品或同一品牌商品都处于一个段位上,因而带来销售或好或差的现象。同时,也不会由于同类商品的横向陈列,所造成的降低其他类别的商品所应享受的货架段位的平均销售利益。

实践证明,2种陈列所带来的效果是不一样的。纵向陈列能使系列商品体现出直线式的系列化,使顾客一目了然。系列商品纵向陈列会使有的商品销售量提高20%~80%。系列商品如横向陈列,顾客在挑选系列商品的某个单品时,就会感到非常不便。因为人的视线是上下夹角25°。顾客在离货架30~50 cm距离时挑选商品,就能清楚地看到1~5层货架上陈列的商品。而人视觉横向移动时,就比前者差很多,因为这时人的视线左右夹角是50°。在顾客离货架30~50 cm距离时挑选商品,只能看到横向1 m左右距离内陈列的商品。70%左右的顾客到超市购物时都带有目的性，横向陈列会影响其他顾客在通道内行走或挑选商品（目前，大部分连锁超市内的通道都较狭窄）。同时，如果横行陈列，顾客在挑选商品时就要往返好几次，否则必然会将某些商品看漏。顾客在纵向陈列商品面前一次性通过时，就可以看清楚整个系列商品，能增加顾客购买商品的卖点数。

八、主辅结合原则

在已有的商品群中，将主要商品和辅助商品加以调整，可组合成新的商品群。主辅调整时，成为主要商品的原辅助商品的商品项目（即规格、花色和品种）要精简，一定要突出重点；相反，由主要商品调整为辅助商品的商品项目要扩充。这一原则能突出重点，使消费者将注意力多停留在被重点突出的商品上，能起到很好的促销效果。

九、前进立体陈列原则

商品的前进立体陈列包括前进陈列和立体陈列2种形式。所谓前进陈列，就是要按照先进先出的原则来补货。营业高峰过后，货架陈列的前层商品被买走，会使货架前排空缺，这时商场管理人员就必须把里层的商品往外移，从后面开始补充陈列商品，这个动作叫做前进陈列。如果暂无补充货源，也应进行前进陈列，以保持陈列的丰满。在做前进陈列动作时应注意做好商品的收集、整理与清洁工作，商品要干干净净地呈现在顾客的面前。所谓立体陈列就是要求陈列商品的排列应前低后高，成阶梯状，使商品陈列既有立体感和丰富感，又不会使顾客有被商品压迫的感觉。一般来说，过分强调满陈列和连续性，就会使顾客增加被商品压迫的感觉，所以，采取倾斜、凸出、凹进、吊篮、阶梯等多种方法,适当"破坏"商品陈列的连续性,反而能使顾客产生舒适感和亲切感。

十、季节陈列原则

在商品陈列的过程中,按季节性陈列是一个很重要的原则。下面简单介绍一下商品陈列的季节性要求:

1. 春季

在尚未春暖花开的早春时节,商店应走在季节变换的前头,及时将适合春季销售的商品,如鞋帽、时装等早早摆上柜台,将冬季商品撤换掉。春季商品陈列时,以绿色为主色,给顾客一种春意盎然的感觉。

2. 夏季

夏季商品陈列时,要注意以下事项:夏季是饮料消费的高峰期,要特别注意布置冷饮类商品的陈列;夏季气候较炎热,陈列商品的主色可选用白色、蓝色、紫色等;一般提前在4、5月份,将夏季商品摆放出来;夏季商品陈列要考虑通风,最好将商品挂起来;夏季商品陈列的位置可以向外发展,在门厅或门前外较合适。

3. 秋季

秋季商品应该在8、9月份开始陈列,夏凉用品和夏季的时装都应及时撤下,摆放上适合秋季消费的商品。这时陈列与售货位置应从室外移向室内。秋季天高气爽,是收获的季节,商品陈列应以秋天的色调,如金色为主,衬托出商品的用途。

4. 冬季

冬季天寒地冻,商品布置和商品陈列要使顾客感到温暖,背景色最好选用红、粉、黄等色。

十一、其他原则

1. 品种要齐全、完整

也就是说要针对顾客的需要把商品适当地陈列出来，让顾客能买到想买的东西。这就要求超市管理人员及时了解每个货架的销售状况，知道哪些商品是畅销品，哪些是滞销品。并及时地淘汰滞销品，引进其他新商品，以增强商品销售力。

2. 集中焦点陈列

也就是利用形状、照明、色彩和一些装饰品等，将顾客的注意力引到某个固定的陈列点上。

3. 商品必须分类清楚

也就是根据顾客购买商品的习惯，分别以品牌、用途或形态分类陈列。同时，应该尽量采取上面提到同类商品的纵向陈列原则，使顾客能将同类商品看到，提供给顾客多样化的选择。

4. 有效利用隔物板

隔物板是防止商品缺货和维持商品陈列面的主要用具，运用得好能够较容易地掌握商品位置，并迅速地补充商品。

5. 商品必须拥有适当的陈列品

也就是商品在陈列时，其排面的大小是由商品的销售状况决定的，这样才能保证顾客尽可能买到畅销商品，而且提高补货工作的效率。

6. 整齐清洁

这里既要做到商品的整洁，也要保持货架的整洁。如果顾客伸手碰触的，都是灰尘或其他脏东西，那势必会影响顾客的购物心情，而且会损害整个超市在顾客心中的形象。所以，一定要按照整齐清洁的原则做好货架的清理工作，保持陈列商品的完整、干净,有破损污物、外观不合乎要求的商品要及时撤下。要在不影响整体效果的条件下,对局部的商品陈列进行调整,这样能给顾客以新鲜感。同时,超市还应该及时地向顾客介绍新项目、新产品、使用功能等,以激发顾客的购买兴趣,引导人们消费。

无论是怎样的陈列原则,其目的都是为了使顾客在进到超市卖场后有个愉快的购物心情,从而增加销售量。因为良好的心情能使顾客有兴趣多看、多比较,进而使顾客不自觉地多购买商品。所以,超市应该通过对商品巧妙科学的排列组合,营造出一种温馨、浪漫、舒适的购物氛围,消除顾客与商品的心理距离,使顾客感到一种可近、可亲、可爱之感。

根据以上的陈列原则,将需注意事项概括为以下几条:

1. 禁止按品牌陈列(化妆品,卫生巾,洗发用品除外);
2. 价格牌要置于商品的左下角;
3. 以销售量来调整排面,有必要时,需做修改;
4. 单品之间摆放不要有间隙;
5. 同一个小分类下的单品呈纵向排列;
6. 属冲动性购买的商品应放在主要走道上;
7. 畅销商品,习惯性购买商品必须平均配置在所有的走道上;
8. 招牌商品,促销商品陈列应面向主通道;
9. 关联性商品陈列在一个区域,以方便顾客寻找。

第二节　商品陈列的要求

一、商品陈列的基本要求

商品陈列如此重要，对于商品陈列的原则也有不同的提法。卖场气氛是经营成功的重要因素，卖场气氛与商品陈列有直接的关系。下面就是关于商品陈列的一些基本要求。

1. 宽阔感

超市的卖场是丰满的，但商品陈列不能给人以拥挤甚至压迫感，既充分地利用营业面积和卖场空间，又要给顾客以宽阔感。这就要求在合理陈列商品的同时，配以足够的照明，在货架之间设置比较宽敞的通道。

2. 美感

商品陈列所体现的美感，应根据不同业态的定位来决定，或是雍容华贵之美，或是透过色调与整洁所营造出的朴素淡雅之美。超市若讲究豪华之美，反而给光顾的消费者以心理压力。其实清爽淡雅的购物环境才是最好的。

3. 充实感

透过商品陈列给顾客的第一印象极为重要，货架一定要摆满，不能空置，要展现出商品的丰富与充足，品种齐全，琳琅满目，给人一种充实与富余之感。

4. 亲切感

超市陈列的亲切感应该通过商品布局、排列方式以及货架POP广告体现出来。亲切感由商品陈列的吸引力和取放商品的方便性2方面的因素所形成。包括容易看清楚和判断商品质地好坏，价格标签和条码清晰，有关的商品信息齐全，顾客举手易取。

5. 关联感

将关联性强的商品靠近陈列，凡是邻近的商品区域或商品货架，一定要彼此密切相关联。顾客在卖场中由一个商品区域到另一个商品区域时，其感觉应该是在关联中逐渐过渡。关联感能诱导顾客延长采购时间，走过尽可能多的商品区域，经过尽可能多的货架，从而增加采购量。

二、商品陈列的具体要求

有了原则做指导，接下来的工作就是商品陈列了。原则在具体的陈列工作中就成了陈列的具体要求了。具体要求有：

1. 商品陈列要保持丰满、整齐，有量感

在同一个柜台上中心焦点不宜过多，便于顾客在瞬间很快了解并接受商品陈列形式。商品丰满本身可以刺激顾客的购买欲，即使是同一质量的商品，顾客也愿意从丰富的商品中选择。所以，商品陈列要尽量丰富多彩。但是，商品摆列多而杂也不好，给人一种紊乱的感觉。有时，某些商品的摆放采取不对称的方法给消费者造成该商品抢手的心理感觉，但不对称的摆放方法要适度，否则商品摆放不丰满反而引起不良印象。

2. 充分利用营业场所，扩大陈列面积

在不影响顾客顺利流动的前提下，凡是顾客能接触到的部位，应尽量利用各种陈列设施和方法陈列商品，以便顾客随时随地都可以看到商品，提高营业场所的利用效率。同时，还要注意陈列场地的合理使用，要将最好的位置用于冲动性购买商品、重点推销商品的陈列，以充分发挥陈列场地的潜力。

3. 商品陈列要尽量突出商品的实用价值，促进购买欲望

例如，气味芳香的商品，摆放在柜台上最能刺激消费者嗅觉的位置；样式新颖的商品，摆放在消费者视觉最易感受的位置；用途多样的商品，摆放在消费者最易于观察、接触的位置；新商品、流行商品、名牌商品，摆放在显要醒目之处；玻璃制品，要充分显示其玲珑剔透的质感；黄金首饰，要显示出华贵高雅的质感。

4. 商品陈列要注重季节性

冬去春来，寒暑更替，一年四季的变化循环往复。随着季节的变化，人们吃穿用的商品也相应变化。超市在出售商品时，也应按季节的变化随时调整商品的陈列。季节性商品的陈列应在季前开始，商店应了解顾客的潜在需要，根据天气的变化来改变商品的陈列，否则将丧失适时销售的良机。

5. 货架商品尽量裸露陈列，以使消费者产生亲切感

顾客若只透过玻璃看商品，会有种疏远感，而用手摸一摸同其他商品比较一下，则会感到更亲切。因此，尽量将商品敞开陈列，让顾客自由观看、选择和接触，国外零售企业称此为"裸露陈列原则"。

6. 商品陈列高度适宜，易于消费者参观

畅销商品、重点推销、获利大、购买频率高的商品，应该注意在高度方面与消费者进店后无意识的环视高度相一致，按照不同的视觉、视线和距离，确定其合适的位置，尽量提高商品的能见度，使消费者对商品一览无余，易于感受商品的形象。

7. 商品陈列布局应尽量利用空间和壁面

要保留一定的宽度和超市通道，满足消费者能从容地欣赏与

选购商品的欲望。如果商品陈列不注意保留起码的走道空间,顾客稍多就会影响购买活动、引起对抗情绪。

8. 陈列的商品必须有附加说明和价格标签

商品附加的说明卡是"不说话的推销员",将商品的突出之处三言两语简练地表达出来,能左右顾客的购买心理,尤其是开架自选的超市,没有营业员的介绍,写着商品的品质、特点、使用方法等有吸引力的说明卡,往往能唤起顾客心中的购买欲望。

9. 商品的陈列应与出售的完全一致

要做到没有不出售的陈列商品。而且,陈列时要尽量便于售货员操作、管理、取放、盘点、搬运。

10. 在形象上,档次上相差过大的商品不宜邻近陈列

在化学性质上有互相影响的商品,不宜就近陈列;而连带消费商品之间则要保持相互衔接、邻近陈列。

11. 特殊品陈列在"特区"

这类商品价格昂贵,功能独特,是具有高级享受的名贵商品,如金银首饰、高级化妆品、手表、工艺精品、精密小仪器(照相机)等。消费者购买这类商品需要反复考虑,周密计划。因此,这类商品应摆放在环境比较优雅,离日常杂品较远的地方,以便于消费者安心地仔细挑选。一般用封闭式玻璃柜台陈列,这样不仅可以突出商品的高贵与特殊,还可以确保昂贵商品的安全。

12. 选购品最好置于光线足、区域大的地方

这类商品使用期较长,挑选性较强,供求弹性大,交易次数较少,价格较高。如家具、电器、时装等。此类商品对质量、样式、色彩、功能等要求较严。因此,这类商品应集中摆放在店堂

中央或光线比较充足、区域较大的地方，以便于顾客自由地活动和观看抚摸，并反复调试、挑选。

13. 便利品陈列应方便顾客购买

这类商品花色品种简单，价格低廉，挑选余地小，如各种调味品、香皂、香烟、食品等。顾客对商品的一般用途、性能、特点较了解。大多数顾客希望在购买这类商品时能方便快捷，缺了就买，买了就用。如果顾客购买时需要到处寻找，耽误时间，下次来的可能性就会降低。所以便利品应陈列在最容易选购的地方，一般是商店底层的进门处。

14. 日配品的陈列用具一般应以冷藏柜为主

应让顾客有廉价感、季节感、新鲜感、满足感。日配品是指蔬菜、水果类、肉类、水产类和调味品以外的副食品，如果汁、面包、饮料、冷饮、豆制品和乳制品等。这类副食品是顾客每日生活之必需品，应以每日供应配送为原则。

三、商品陈列的误区

1. 商品陈列越花哨越好。

商品陈列应该遵循的基本原则是简洁、明快。正如国外的一句谚语所说"less in more"，它的意思是少即多。过多的装饰和打扮不仅不能给人很好的感觉，往往还会适得其反。

2. 商品销售量与商品陈列无关。

很多人认为，商品的销售量主要与商品好坏和推销有关。商品陈列只是将商品展示出来让顾客看到，至于如何展示，如何陈列与销售量无关。这是一个典型的商品陈列无用论的思想。这个认识是片面的。其实商品的销售量与许多因素有关，可以说商品销售是技术与艺术的结合。好的商品陈列可以激发顾客的购买欲，对顾客的冲动购买，情感性购买，即兴购买贡献很大。另外科学地陈列商品可以有效地节约顾客的挑选时间，也就是节约了顾客的成本；艺术的陈列商品可以使顾客的购买过程不再枯燥，增加他们美的感受。所以好的商品陈列可以增加销售量，反之亦然。

3. 商品一旦陈列好之后，就无须变动。

商品陈列，不管开始陈列得多好，如果时间太久了，人们也会逐渐失去对它的感觉，并对商品留下一成不变的陈旧印象。所以超市的商品陈列应该注意适时变化，可采取多种形式，而且定期更换，（包括换商品、同样的商品更换地方等）以保持顾客的新鲜感和兴趣，并充分地体现出超市的发展变化和独有的特点。

第八章
商品陈列的基本方法

商品陈列的基本方法分为陈列区分、货架陈列、非货架陈列、促销陈列和岛式陈列几大类，而每一类又分为几种具体的陈列方法。此外还对超市杂货陈列技巧和陈列规律进行了介绍。

第一节 陈列区分

一、定番陈列

1. 定番陈列（Regular Display）的定义

所谓定番陈列，即定位陈列，也就是超市里的一般性陈列，它一经配置后，商品陈列位置、陈列面就很少变动，除了配置表的修正外，很少变化，这种陈列称为定番陈列，理论上，每一个商品皆有一个定番位置。

定番商品陈列流程如图8—1所示。

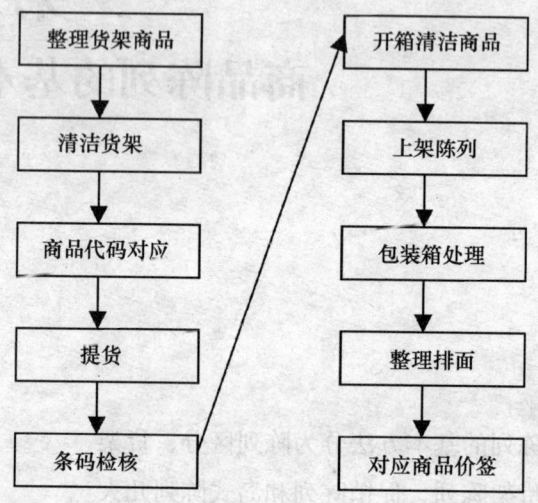

图8—1 定番商品陈列流程图

2. 定番商品陈列原则

（1）分类原则；

（2）相关原则；

（3）集中原则；

（4）丰满原则；

（5）错落原则；

（6）安全原则；

（7）有效原则。

3. 定番商品陈列作业要求

（1）前进式陈列；

（2）陈列数量不少于3排（依据商品体积大小而确定）。

4. 正确的商品陈列

新开超市定番商品陈列流程如图8—2所示。

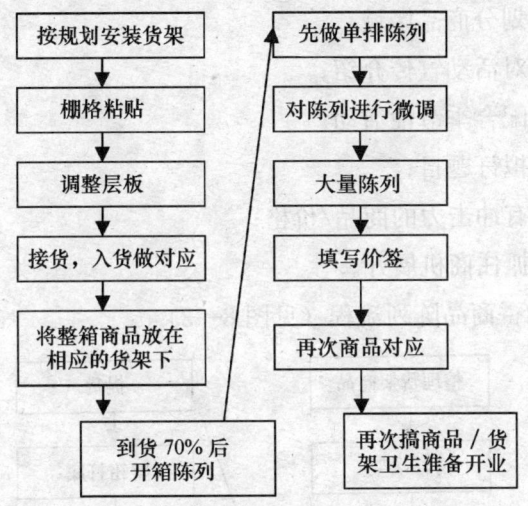

图8—2 新开超市定番商品陈列流程图

二、动番陈列（也叫变化性陈列）

1. 动番陈列的定义

动番陈列，就是在定番陈列以外，因动线、促销或季节等因素，而特别设计出来的陈列，称之为变化性陈列，如大陈列、端架陈列、关联陈列、槽沟陈列、比较性陈列，这些陈列通常都有某种行销目的，期限通常不长，短则几天，长也不超过一个月，但却最能带动卖场的活性。

2. 动番陈列的意义

（1）动静结合打破陈列的单调性；

（2）创立便宜店铺的形象；

（3）有利于调整商品库存；

（4）加强商品的广告效果。

3. 动番陈列应考虑的因素

(1) 划分商品区域；

(2) 对活动宣传介绍；

(3) 配合季节性活动；

(4) 拟订题目；

(5) 有冲击力的商品/价格；

(6) 抓住商机展开。

4. 动番商品陈列流程（见图 8—3）

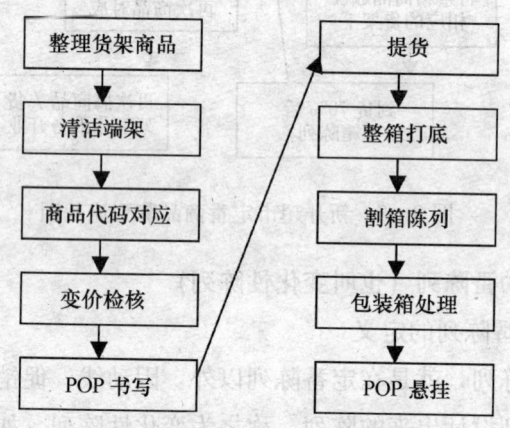

图 8—3 动番商品陈列流程图

5. 动番商品陈列原则

(1) 一品一架的原则；

(2) 易拿原则；

(3) 引导顾客原则；

(4) 定期更换原则。

6. 动番商品陈列作业要求

（1）量陈陈列；

（2）割箱陈列；

（3）端架陈列；

（4）物流陈列；

（5）花车展台陈列。

7. 新开店动番商品陈列流程（见图 8—4）

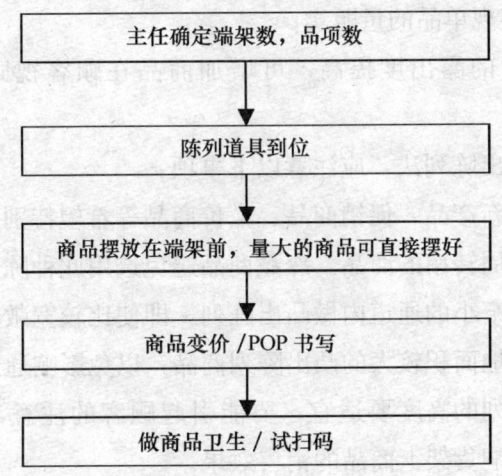

图 8—4　新开店动番商品陈列流程图

第二节　货架陈列法

一、凸出陈列法

即将商品放在车子、箱子、篮子、筐子或凸出延伸板内，陈列在相关商品的旁边销售。主要目的是打破单调感，诱导和招揽顾客。凸出陈列的位置一般在中央陈列架的前面，将特殊陈列凸出安置。

凸出陈列有很多种做法,有的在中央陈列架上附加延伸架,据调查这可以增加180%的销售量;有的将商品直接摆放在紧靠货架的地上,但其高度不能太高。凸出陈列打破了一般陈列的单调感,其陈列效果是:

1. 凸出商品的廉价性、丰富感;

2. 可实现单品的量贩卖;

3. 商品的露出度提高,可增加商品在顾客视野中出现的频率。

实施凸出陈列法,应注意以下事项:

适用于新产品、促销商品、廉价商品等希望特别引起顾客注意、提高其周转率的商品。冷藏商品避免选用此种陈列方法。

不宜在窄小的通道内做凸出陈列,即使比较宽敞的通道,也不要配置占地面积较大的凸出陈列商品,以免影响通道顺畅。

凸出陈列的高度要适宜,要能引起顾客的注意,又不能太高,以免影响货架上商品的销售效果。

凸出陈列不宜太多,以免影响顾客正常的行动路线。

二、悬挂陈列法

将无立体感、扁平或细长型的商品悬挂在固定的或可以转动的装有挂钩的陈列架上,就叫悬挂式陈列。悬挂式陈列能使这些无立体感的商品产生很好的立体感效果,并且能增添其他特殊陈列法所没有的变化。悬挂陈列能使顾客从不同角度来欣赏商品,具有化平淡为神奇的促销效果。

常规货架上一般很难实施商品的立体陈列。目前,工厂生产的许多商品都采用便于悬挂式陈列的有孔型包装,如铅笔、玩具、头饰、袜子、小五金工具等。使用悬挂陈列既方便顾客挑选，又方便超市修改陈列。

悬挂陈列的适用范围有：

1. 多尺寸、多形状、多颜色的商品；
2. 中小型轻量商品；
3. 常规货架上很难实施立体陈列的商品。

第三节　非货架陈列

一、散装或混合陈列

将商品的原有包装拆下，或单一商品或几个品项组合在一起陈列在精致的小容器中出售，往往是一个统一的价格或在一个较小的价格范围内出售，这种陈列方式使顾客对商品的质感能观察得更仔细，从而诱发购买的冲动。上海市各百货超市曾经流行的甘迪安娜糖果屋，即采用这一方法一炮打响，诱人的散装糖果陈列在各种透明的容器中，十分引人注目。

二、墙面陈列

用墙壁或墙壁状陈列台进行陈列的方法。这种陈列方法可以有效地突出商品，使商品的露出度提高。对于一些价格高，希望突出其高级感的商品，可以采用这种陈列方法。如：

1. 可以悬挂陈列的商品；
2. 中小型商品；
3. 葡萄酒等瓶装商品。

三、交叉堆积陈列

一层一层使商品相互交叉堆积的方法。这种陈列方法可增加商品的感染力，具有稳定感。适用于此种陈列方法的商品有：

1. 预计毛利低、周转快、销售额高的商品；
2. 中大型商品，可放入箱袋托盘中的商品；
3. 希望充分发挥展示效果的商品。

四、空中陈列

利用货架或柜台的上方等通常情况下不使用的空间进行陈列的方法。

1. 这种方法的优点

（1）提高顾客对货柜、货架靠近率；

（2）易向顾客传达信息；

（3）可以提高超市的整体形象；

（4）突出商品的效果十分显著。

2. 适用于此种陈列方法的商品

（1）能够提高超市形象的商品；

（2）具有一定关联性的商品；

（3）中小型的而且在陈列架上具有稳定感的商品。

五、投入式陈列

这种陈列方法是将商品投入某一容器中进行陈列，给人一种仿佛是将商品陈列在筐中的感觉。投入式陈列给顾客一种价格低廉的感觉，即使陈列量较少也容易给人留下深刻的印象。可成为整个卖场或某类商品销售区的焦点。投入式陈列法操作简单，陈列位置易变换，商品易撤换，陈列时间往往较短。

投入式陈列法的适用范围有：

1. 价格、毛利低的商品；
2. 不易变形、损伤的商品；

3. 冲动性购买的商品，简便性较高的商品；

4. 中小型商品，一个一个进行陈列很费工夫的商品，其商品本身及价格已广为人知的商品。

六、情景陈列

这是为再现生活中的真实情景而将一些相关商品组合陈列在一起的陈列方式。如用室内装饰品、床上用品、家具布置成一间室内环境的房间；用厨房用具布置一个整体厨房等。目前，国外一些超市十分注重这种情景陈列，尤其是家具专卖店，其陈列组合如：床头挂有艺术壁挂，床头柜上有雅致的台灯，餐桌上摆着精美的花饰，酒柜里陈列着各色名酒等。这种陈列使商品在真实性中显示出生动感，对顾客有强烈的感染力，是一种很流行的陈列方式。

第四节 促销陈列法

一、端头陈列法

所谓端头陈列法，是指双面的中央陈列架的两个端头。

在超市中，中央陈列架的两端是顾客通过流量最大、往返频率最高的地方，从视角上说，顾客可以从三个方向看见陈列在这一位置的商品。因此，端头是商品陈列极佳的黄金位置，是卖场内最能引起顾客注意力的场所。同时端架还能起到接力棒的作用，吸引和引导顾客按店铺设计安排不停地向前走。引导、提示可以说是其主要功能。所以端头一般用来陈列特价商品，或要推荐给顾客的新商品，以及利润高的商品。

由此可见，端头陈列商品的多样性，必须使我们改变特殊陈列都是陈列特价品的观念。这样就要求在端头陈列架商品的配置上，一部分可以是降价幅度很大的特价品，另一部分可以是高利润的商品或新商品。在许多大型综合超市和仓储式卖场里都使中央陈列架的两个端头处在主通道上，以增强端头在主客流量下的销售。

端头陈列法可以是进行单一商品的大量陈列，也可以是几种商品的组合陈列。由于中央陈列架的端头是非常引人注目的重要场所，所以将几种商品组合陈列是能够将更多的顾客注意力引向更多的商品的。

在国外曾进行过一项调查，调查资料显示，将单一的商品陈列改为复合商品组合陈列，销售额就会有很大的提高，尽管销售额的提高会因商品的不同而有差异，但销售额在任何情况下都会有相当大的增加。这个调查资料还显示，可以将同一个商品在不同的中央陈列架内组合陈列，也就是说，同一个商品可以在不同的货架上重复出现，但这种重复陈列必须将有关联的商品组合陈列在一起。目前，国内外许多超市所使用的中央陈列架有许多是半圆形的端头，这样等于白白浪费了黄金的陈列空间。发挥端头的商品陈列优势，可以将这半圆形端头拿掉，放上一个单面货架，就可以进行端头陈列了。在有些超市和便利店中的陈列货架是没有端头的，这往往是由于受其面积与货架条件的限制所造成的。然而，从销售这一原则出发，我们强调宁可牺牲中央陈列架的长度，也要为端头陈列争取出一定的卖场空间来。

进行端头陈列应注意以下事项：

1. 端头的特殊位置可以用来专门陈列特价商品、新商品、重点推荐商品、高利润商品或热卖中的商品。

2. 在几种组合商品中可选择一种商品为牺牲品，以低廉价格出售，目的是带动其他商品的销售。

3. 组合商品之间要有关联性，决不可以将无关联的商品陈列在同一货架内。

4. 可以将同一个商品在不同的端头上进行陈列，也就是同一商品可在不同的货架上重复出现，但这种重复陈列必须是关联商品组合陈列在一起。

端头商品组合陈列时商品种类不宜过多。

二、主题陈列法

主题陈列又叫专题陈列，这是将商品陈列在一个主题环境中的一种形式。主题选择有很多，如各种庆典活动、重大事件、各种节日等，都可以融入商品陈列中去，营造一种特殊的气氛，吸引消费者的注意。如"中秋节"来临之际，可将各式各样的月饼及包装盒摆放成各种形状、样子，既给人一种可口的感觉，也渲染出节日的气氛。

主题陈列在布置商品时应采取各种艺术手段、宣传手段、陈列工具，并利用色彩突出某一商品。对于一些新产品，或者是某一时期的流行产品，以及由于各种原因要大量推销的商品，可以在陈列时利用特定的平台、展台，陈列道具台，陈列用具等突出宣传。必要时，配以集束照明的灯光，使大多数顾客能注意到，从而产生宣传推广的效果。

主题陈列的商品可以是一种商品，如某一品牌的某一型号的电视，某一品牌的服装等，也可以是一类商品，如系列化妆品、工艺礼品等。

1. 主题陈列法注意事项

(1) 营造小环境，烘托气氛；

(2) 一般在陈列时，有推销人员配以解说，会加大商品的吸引力；

(3) 重点突出，主题明确；

(4) 陈列位置与其他商品有明显的区别。

2. 主题陈列的适用范围

(1) 主题陈列可以配合特定的节日，将这一节日畅销品单独陈列，在热闹的节日气氛中，加上热烈的色彩点缀，突出陈列场所的气氛，将使这类商品取得良好的销售效果。如端午节的粽子陈列；圣诞节圣诞礼品的陈列；儿童节儿童用品和礼品的陈列等等。

(2) 一些超市还可与生产厂家合作，利用主题陈列的形式，共同开展某种商品的展销促销活动，将工厂生产的主要商品专门辟出一块场地，配以适当的用具展示出来，使这类商品同其他同类商品明显区别开来，一方面给商品陈列带来变化，另一方面又促进这类商品的销售，扩大了市场。

第五节 岛式陈列法

在超市的入口处、中部或者底部都不设置中央陈列架，而配置特殊陈列用的展台，这样的陈列方法叫做岛式陈列法。如果端头陈列架使顾客可以从 3 个方向观看的话，那么岛式陈列则可以从 4 个方向观看到，这样就意味着，岛式陈列的效果在超市内也是相当好的。岛式陈列的用具一般有冰柜、平台或大型的货柜和网状货筐。要注意的是，用于岛式陈列的用具不能过高，如果太高的话，就会影响整个超市卖场的视野，也会影响顾客从四个方向对岛式陈列商品的透视度。为了使顾客能够环绕岛式陈列台（架、柜、筐）选购商品，应给予岛式陈列以较大的空间。

相对于岛式陈列要求的较大空间来说，在空间不大的通道中间也可以进行随机的、活动式的岛式陈列。这种岛式陈列的用具是投入台，配上轮子的散装筐等。这种活动式的货架可以在超市内自由活动，以便根据需要而调整，所以能简单方便地配置在各种通道里的任何地方，只要是需要的均可。这种岛式陈列的商品量虽然有限，但可被广泛地利用来促进销售。采用活动式的货架作随机型的岛式陈列，其促销效果是相当明显的，尤其是在卖场没有竞争商品的时候，效果更为突出，它会带动超市整体的销售额上扬，即使撤下了活动货架，其促销的效果还会有一个滞后的效应。

第六节　超市杂货陈列

一、超市杂货陈列技巧

这里的杂货特指超市中袋装、罐装的食品以及日用百货。这部分商品顾客经常消费，并且购买频率高，通过一定的陈列技术可以扩大它的销售额。

杂货陈列设计的具体内容包括柜台式陈列和开架式陈列。

1. 柜台式陈列

柜台式陈列是指利用柜面和柜内陈列商品。在进行柜台陈列时可以放置一些小架子，也可直接摆放有造型的商品，一般以香水、小商品为主。

2. 开架式陈列

在超市中，90%以上的商品都实行开架式陈列，主要是为了方便顾客选购商品，因此需要对开架式陈列的具体形式和内容进行详细的阐述。超市中的开架式陈列按照商品摆放的具体形式又可分为以下几种：

(1) 集中陈列法。集中陈列法就是把同一种商品集中摆放在一个地方的方法。这种方法是超市商品陈列中最常用的一种方法，它适合于周转快的商品。开架式销售的货架陈列的高度不同，其销售效果也会不同。一般来说，与顾客视线相平、直视可见的位置是最好的位置。货架上的商品陈列效果会因视线的高低而不同，在视线水平且伸手可及的范围内，商品的销售效果最好。在此范围内的商品，其销售可能性为50%。随视线的上升或下移，销售效果会递减。

(2) 整齐陈列法。整齐陈列法是指将商品从纸箱中取出，按一定层面整齐地堆放在一起的方法。它是一种非常简洁的陈列方法，旨在突出商品的量感，使顾客感觉到该商品在数量上非常充足，以调动顾客的购买欲望。在超市里，罐装啤酒、饮料等常用这种陈列方式。有些季节性商品、高折扣商品、购买频率高的商品和购买量大的商品也常用这种陈列方法。在运用时，需要注意商品必须是不怕压的。

(3) 随机陈列法。随机陈列法，是将商品随便摆放在固定货架上的方法。理货员在上货时，将某商品随机堆放在固定的货架上就可以了，不用讲求陈列图案或造型。这主要是用来陈列特价商品，给顾客留下"特价品就是便宜品"的印象，诱使他们产生购买冲动。有时用特价牌，牌子上既标有原价，也标有现价，一看便让人怦然心动。常见的随机陈列法的陈列用具主要有四角形和圆形的网装盛器。随机陈列法的网装盛器在卖场的摆放位置与整齐陈列法基本相同,也可以在中央陈列架沿着走道内紧贴着货架的一侧摆放。

(4) 盘式陈列法。盘式陈列法实际上是整齐陈列法的一种变形,它不像整齐陈列法那样将商品从包装纸箱中一件一件取出,再整齐地堆积起来,而是将包装纸箱底部以上的 2/3 部分减掉,以底为盘,以盘为单位,将商品一盘一盘地堆上去。盘式陈列法也是为了突出商品的量感,告诉消费者该商品是可以整箱出售的。在实际操作中,有的理货员只减掉商品包装纸箱的一半或 1/3 部分,露出纸箱中的一排即可。这种陈列法也常用来陈列啤酒、饮料等商品。

(5) 兼有随机陈列法。兼有随机陈列法是一种将整齐陈列和随机陈列的特点结合起来的陈列方法,即商品不按层面整齐地堆放在一起。通常用兼有随机陈列法可以将商品堆放在货架的一端,而不能将其堆放在货架的中央位置。因为兼有随机陈列法有一定整齐的造型,随机性差,会遮拦紧靠货架上的其他商品。

(6) 两端陈列法。"两端"是指超市卖场里中央货架的两头。在超市的卖场里,中央陈列架的两端顾客流量最大,顾客往返时都要经过。因此,"两端"是陈列商品的黄金地段,是卖场内最能吸引顾客注意的地方。"两端"陈列的商品通常是高利润、新产品、特价品或全国性品牌产品,也可以是流转非常快的推荐品。"两端"陈列的可以是单一的商品,也可是不同商品的组合。单一商品常是全国性品牌商品,这种商品具有较高的知名度,消费者常常会认牌购买,流转速度快、利润高;几种不同商品的组合，在颜色上、图案包装上能互相搭配，能产生良好的视觉效果，在效用上互为补充或替代，有时也可以产生"陪衬"效果，可以很好地刺激消费者的购买欲望，实现扩大销售的目的。

(7) 狭缝陈列法。将超市卖场的中央陈列架上撤去几层隔板，留下底部的隔板形成的一个槽状的狭长空间，用来凸出陈列商品的量感，这种方法叫做狭缝陈列法。很明显，狭缝陈列法的陈列量是一般陈列的数倍，使顾客觉得商品货源充足。它打破了中央陈列货架一般陈列的单调感，使陈列富于变化，有一定的新意，能够吸引顾客的注意力。用狭缝陈列法陈列的商品一般都是新产品或高利润的商品，这样能更好地实现促销的目的。在超市卖场中，不能大面积地使用狭长陈列法，否则就会给人一种凌乱感，影响顾客的购买情绪。

(8) 关联陈列法。是指将种类不同但在效用方面互相补充的产品陈列在一起的陈列方法。例如，将香皂与香皂盒、皮鞋与鞋油、洗发水与浴液放在一起，顾客在购买了一种产品后，顺便会购买旁边的相关联的产品。关联性陈列法增加了超市陈列的灵活性，加大了商品销售的机会。但陈列商品的类别应该按照消费者的需要进行划分，例如，卫生间用品、厨房用品、卧室用品等。运用关联陈列法时要注意：相邻产品必须是互补产品，才能确保顾客产生连带购买行为。

(9) 悬挂式陈列法。是指将平面形、细长形等无立体感的商品悬挂起来的一种陈列方法。悬挂式陈列能使顾客从不同的角度来欣赏商品，具有化平淡为神奇的促销作用。有些商品由于物理性能方面的限制，其外观平淡无奇，不足以打动消费者，而运用悬挂式陈列可以增加它的观赏性，提高销售的可能性。

(10) 岛式陈列法。在超市卖场的入口处、中部或底部有时不设置中央陈列架，而配置以特殊陈列用的展台，这种陈列方法就被称为岛式陈列法。常见的岛式陈列法的用具主要有直径较大的网状货筐、平台或冰柜。前述的两端陈列法可以使顾客从3方面看到陈列的商品，而岛式陈列法可以使顾客从4个方面看到陈列的商品。因此，其起到的陈列销售效果是非常好的。由于岛式陈列的位置一般在超市的入口处、中部或底部，所以它的高度不能超过普通消费者的肩部以上，否则就会影响整个卖场的视野。岛式陈列的商品应该是颜色鲜艳、包装精美的新产品、特价品，这样才能发挥招徕顾客的作用。

(11) 定位陈列法。是指在超市卖场中，某些商品的陈列位置一经确定，相当一段时间内不会发生变化的一种陈列方法。在实际经营活动中，对一些名牌产品需要运用定位陈列法，因为这些产品具有较高的品牌知名度，有一大批老顾客，他们常常是认牌购物。他们只要知道这些产品的陈列位置就会直接奔目的地，无需再花费时间与其他品牌进行比较。在超市陈列架上，名牌产品的占用空间不用太大，只要品牌标志醒目就可以了。这类产品流转比较快，并且占用陈列空间小，货架上的储量少，因此需要理货员勤上货。

(12) 比较陈列法。是指将同一品牌的商品，按不同的规格、不同数量进行分类，然后陈列在一起，让顾客通过数量和价格方面的比较来选择购买的一种陈列方法。需要强调的是：比较陈列法是在同一品牌商品的不同规格之间进行比较，让消费者感觉哪种价格更为便宜，以满足其求廉的心理，从而达到促销的目的。例如，不同规格的可乐，有桶装的、罐装的、6罐装的、12罐装的，单位容量的价格都有不同幅度的差异。

（13）凸出陈列法。也称为凸出延伸陈列法，是指在超市卖场的中央陈列架的前面凸出来一部分，用以陈列特殊商品的方法。凸出陈列法不仅打破了一般陈列的单调感，而且扩大了货架的陈列量，并将商品强迫式地映入顾客的眼帘。凸出陈列法有多种做法：有的在中央陈列架上附加延伸架，据调查，这可以增加180%的销售量；有的将商品直接摆放在紧靠货架的地上，但其高度不能太高，否则就会影响背后的货架陈列。

二、商品陈列的规律性知识

在设计商品陈列时，必须掌握一些规律性知识。下面几点就是超市在设计商品陈列时的一些规律性知识：

1. 在超市里购物，65%的顾客会参阅货架上的标价。货架上的标价有助于顾客选购商品，加快他们的购物进程。同时也有助于营业员快速补货。

2. 超市的店面广告是非常重要的。顾客调查结果显示：70%的被调查者认为，对零售企业来说，店面广告至关重要，店面广告决定他们的购物地点；22%的被调查者认为店面广告对零售企业来说非常重要，但不是招徕顾客的决定因素；8%的被调查者认为店面广告可有可无。

3. 伸出货架的标示牌，如果标明商品的价格和品牌，其促销效果可以提高125%；如果只标明商品的品牌，销售效果会提高18%。

4. 堆放式陈列比其他形式更具效果，它可以激发顾客的好奇心，诱使他们自己动手"去找"、"去翻"。广告策划专家曾在超市里的相似位置上，对堆放式陈列与一般陈列这2种陈列方法的销售效果做过比较，结果发现，堆放式陈列的商品销售额高出一般陈列方式的1倍。

5. 货架上商品陈列的高度很重要，它决定着商品销售额的大小。理想的位置应该是距离商场地面的80～130 cm之间的部位。商品的货架上距商场地面180 cm处的商品的销售额只是95～115 cm处商品销售额的1/10。

第九章
商品陈列操作流程

第一节　商品陈列准备工作

商品陈列是超市经营、销售商品的基础和关键，其准备工作也是相当烦琐和复杂的。首先，得有可陈列的用具和工具，如货架、支架、行李车、挡板等。这些用具不仅要齐全，更要安全可靠，要做到一步到位。因为如果在使用、销售的过程中出了问题，不仅会造成损失，更会影响超市的形象。

其次，要有可陈列的商品，而且品种、型号要齐全，并且质量可靠。这里就涉及订货、采购。

下面将详细介绍一下采购的一些基本知识。

一、商品采购范围的确定

采购什么样的商品是采购计划中的关键。

采购品种一般是在过去采购和销售的基础上,根据市场预测得出的消费需求及其变化趋势的有关资料,进行综合分析后而确定的。

在确定了超市经营范围和采购范围之后,接下来应该研究哪些商品是主力商品,哪些商品是辅助商品,它们之间应该保持怎样的比例关系,花色品种、质量等级如何分配等。

商品结构,实际上就是由不同商品种类形成的商品广度与不同花色品种形成的商品深度的综合。所谓商品的广度是指经营的商品系列的数量,即商品种类的多少,如化妆品类、服装类、衣料类、食品类等。所谓商品的深度是指同类商品品种的数量,即同一类商品中,不同尺寸、不同花色、不同质量商品的数量。保持合理的商品结构,对超市的发展有着重要的作用。由于商品广度和深度的不同组合,形成了目前超市结构的不同配置策略,这些策略各有利弊,具体见表9—1。

表9—1　　　　　商品深度与广度的组合

		商品品种	
		深	浅
商品种类	广	商品种类多 商品品种多	商品种类多 商品品种少
	窄	商品种类少 商品品种多	商品种类少 商品品种少

1. 广而深的商品结构

这种策略是超市选择经营的商品种类多,而且每类商品经营的品种也多的策略,一般为较大型的综合性超市所采用。由于大型的综合超市的目标时常是多元化的,常需要向消费者提供一揽子购物，因而必须备齐广而深的商品类别和品种。

这种策略的优点是：目标市场广阔，商品种类繁多，商圈范围大，选择性强，能吸引较远的顾客专程前来购买，顾客流量大，基本上满足顾客一次进店购齐所有所需商品的愿望，能培养顾客对超市的忠诚感，易于稳定老顾客。

这种策略的缺点是：商品占用资金较多，而且很多商品周转率低，导致资金利用率低；此外，这种商品结构广泛且分散，试图无所不包，但也因主力商品过多而无法突出特色，容易形成企业形象的一般化；同时，企业必须耗费大量的人力用于商品采购上，由于商品比较容易老化，企业也不得不花大量精力用于商品开发研究上。

2. 广而浅的商品结构

这种策略是指超市选择经营的商品种类多，但在每一种类中经营的商品品种少的策略。在这种策略中，超市提供广泛的商品种类供销售者购买，但对每类商品的式样、规格、品牌等给予限制。这种策略通常被廉价超市、折扣店、杂货店等零售企业所采用。

这种策略的优点是目标市场比较广泛，经营面较广，能形成较大商圈，便于顾客购齐基本所需商品；便于超市管理，可控制资金占用。

这种策略的缺点：由于这种结构模式花色品种相对较少，满足需要能力差，顾客的挑选性有限，很容易导致失望情绪，不易稳定长期客源，形成较差企业形象。长此以往，超市不注重创出商品特色，在个性化、多样化趋势不断加强的今天，即使超市加强促销活动，也很难保证企业经营的持续发展。

3. 窄而深的商品结构

这种策略是指超市选择较少的商品经营种类,而在每一种类中经营商品品种丰富。这种策略体现了超市专业化经营的宗旨,主要是为专业超市、专卖店所采用。一些专业超市通过提供精心选择的一两种商品种类,配有大量的商品品种,吸引偏好选择的消费群。目前,国内一些大型百货超市和商场也开始注重引入这种策略。

这种策略的优点是:专业商品种类充分,品种齐全,能满足顾客较强的选购愿望,不会因品种不齐全而影响销售;能稳定顾客,增加重复购买的可能性;易形成超市经营特色,凸出超市形象;而且便于超市的专业化管理。这种结构较为今天广大的消费者所欢迎。

这种策略的缺点是:种类有限,不利于满足消费者的多种需要;市场有限;风险大。

4. 窄而浅的商品结构

这种策略是指超市选择较少的商品种类和每一类中选择较少的商品品种。这种策略主要被一些小型超市,尤其是便利店所采用,也被售货机出售商品和人员登门销售的零售商所采用。自动售货机往往只出售有限的香烟、饮料等商品;人员上门销售其所销售的商品种类和品种也极其有限。这种策略要成功使用,有2个关键因素,即地点和时间。在消费者想得到商品的地点和时间内,采取这种策略可以成功。

这种策略的优点是:投资少、见效快;商品占用资金不大,经营的商品大多为周转速度快的日用品,便于顾客就近购买。

这种策略的缺点是:种类有限、花色品种少,挑选性不强,易使顾客产生失望情绪，商圈较小，吸引力不大，难以形成超市的经营特色。

由于目前的便利店经营商品在品种和价格上难以吸引消费者，因而它们的优势主要在于经营地点、时间和便民服务上。

二、商品采购数量的确定

商品采购数量的确定，会影响到商品销售和库存，关系到销售成本和经营效益。超市的采购数量，决定于超市的采购方式是适量采购还是大量采购。

1. 适量采购

适量采购就是对市场销售均衡的商品，在超市确保有适当的商品库存的条件下，确定适当的数量来采购商品。适量采购的关键是确定适当的采购数量，如果数量不当，将直接影响企业销售，增加进货成本。我们称这一适当的采购数量为经济采购批量。经济采购批量尽管是理论上的一个数字，但超市需要测算出这一经济采购批量，为实际的采购工作做参考。

对于超市而言，采购中常常会出现这种问题：如果采购商品过多，会造成超市商品的保管费用增多，资金长期被占用，从而影响资金的周转和利用率；但如果商品采购太少，不能满足顾客的需要，会使超市出现商品脱销，失去销售的有利时机。而且，每次采购商品过少又要保证商品供应，势必增加采购次数，频繁的采购会增加采购支出。

为了避免出现商品脱销和商品积压两种经营失控的现象，有必要确定最恰当的采购数量，即经济采购批量。经济采购批量与采购费用和保管费用有着密切的关系。首先，采购批量与采购费用成反比例关系，因为在一定时期内的采购总量不变的情况下，每采购一次商品,就要耗费一次采购费用,因而每次采购批量大,采购次数少,采购费用也就少;反过来,采购批量少,采购次数就多,采购费用就越多。其次,采购批量与保管费用成正比例关系,因为在一定时期内采购总量不变的情况下,每次采购批量大,平均库存量越大保管费用支出就越多;反之,采购批量少,平均库存就少,保管费用就少。

采购费用与保管费用对一次采购批量的要求是不同的。从超市经营效益来考虑,要使这2种费用都能节省,就必须寻找一个最佳采购批量,使2类互相矛盾的费用加起来的总费用为最小数。事实上,所谓的经济采购批量就是使采购费用与保管费用经过合理的计算,得出相应的采购批量。

2. 大量采购

大量采购,是超市为了节省采购费用,降低采购成本而一次性大批量地采购一种商品。这种采购方式的优点是可以降低采购成本,获得进货优惠;缺点是需要占用大量资金和仓储设施。大量采购的商品数量一般很难找出规律性,需要依靠超市的经营需要、仓储条件和采购优惠条件等情况而定。大量采购一般用于以下几种情况:

(1) 在共同采购方式下,可以大量采购。共同采购,即是许多独立中小超市为降低采购成本而联合起来的一种联购分销的采购方式,这在国外零售业非常普遍,而在国内这种联盟还很少见。在这种采购方式下,尽管具体到每一个企业采购量不大,但各个企业联合起来采购,就可以采用大量采购方法。

(2) 该商品在市场中的需求量巨大,可以大量进货。有些价格弹性较大的商品,价格降低一定幅度后,可以引起需求量迅速扩大。有些超市针对这一特点，采取大量进货，压低进货成本，再通过薄利多销的促销策略吸引消费者购买，从而加速商品周转。对于这些价格比较敏感而大量销售的商品，可以采取大量采购的方法。

（3）对供货不稳定的商品，可以采用大量采购方法。有些商品的供应时断时续，没有规律可循。当市场上供应这种商品的时候，超市便大批量采购并储存起来，供以后陆续销售。这种情况下，超市必须明确顾客在一定时间内的需求量以及商品供应不稳定的缺货时间，否则超市会承担商品积压的风险。

三、商品采购时间的确定

确定了采购商品的品种和数量后，还要确定什么时间采购，以保证无缺货事故的发生。一定商品有一定的采购季节，适时采购不仅容易购进商品，而且价格也较为便宜，过早购入会延长商品的储存时间，导致资金积压。因此，超市应权衡利弊，选择合适的采购时间。

1. 不定时采购

不定时采购，是指每次采购的数量相同，而每次采购的时间是根据库存量降到一定点来确定。也称为采购点法。

不定时采购的特点：采购批量固定，采购时间不固定。

不定时采购的采购批量可以参考经济采购批量的计算方法。这种采购的关键实际上是确定采购点的数据。

采购点的计算公式如下：

采购点＝平均日销售量×平均备运时间＋保险储备量

案例一：

某商品平均日销售量为30件，备运时间为10天，保险储备额为 150。

则：采购点 $= 30 \times 10 + 150 = 450$（件）

说明：当商品库存量超过 450 件，不考虑采购，当降到 450 件时，就及时按预定的采购数量或经济采购批量进行采购。

不定时采购的优缺点：能随时掌握商品变动情况，采购及时，不易出现缺货现象。但是，由于各种商品的采购时间不一致，难以制定周密的采购计划，不便于采购管理，也不能享受集中采购的价格优惠。

2. 定时采购

定时采购，就是每隔一个固定时间，采购一批商品，此时采购商品的数量不一定是经济批量，而是以这段时间销售掉的商品为依据计算得到的采购量。

定时采购的特点：采购周期固定，采购批量不固定。

采购周期是根据企业采购该种商品的备运时间、平均日销售量及企业储备条件、供货商的供货特点等因素而定，一般由企业预先固定，或 10 天，或 15 天，或更长不等。采购批量则不固定，每次采购前，必须通过盘点了解超市的实际库存量，再定出采购批量。计算公式为：

采购批量＝平均日销售量×采购周期＋保险储备量－实际库存量

上式中，保险储备量是防止由消费需要发生变化和延期交货引起脱销的额外库存量。

案例二：

某超市日销售某商品 30 件，保险储备定额为 5 天需求量，订货日实际库存量为 500 件，进货周期为 30 天，则：

采购批量＝30×30＋5×30－500＝550

从资料中可看出，进货周期为 30 天，一般情况下，采购批量应为 900 件，而现在这批只需采购 550 件，说明实际库存严重超储，必须在采购时做适当调整。

定时采购的优点是：采购时间固定，因而可以做周密的采购计划，便于采购管理，并能得到多种商品合并采购的好处；但由于这种采购方法不能随时掌握库存动态，易出现缺货现象，盘点工作较复杂。

第二节　商品陈列的流程

一、陈列流程及检查事项

商品陈列流程是一个复杂的过程，主要包括如下几个步骤：

1. 确定大、中分类商品陈列配置；
2. 明确单品商品陈列量；
3. 安排商品陈列高度；
4. 选择合理的商品陈列排面数；
5. 陈列检查。

超市的物流管理员及店长、组长等对商品陈列负有检查、指导、督促的职责，检查的主要事项见表 9—2。

表 9—2　　　　　　　**商品陈列检查事项**

1	是否按商品配置标准来陈列
2	商品陈列是否随季节、节庆等的变化而随时变换
3	是否将陈列商品的使用方法同时展示出来

续表

4	是否注意到商品的关联性
5	陈列商品是否整齐有条理
6	商品的形状、灯光照明与色彩是否能有效地组合
7	商品的价格标签是否完整、符合要求
8	陈列的商品是否便于顾客选购
9	商品的广告海报是否已破旧
10	陈列的商品的指示标志是否明显，引导顾客的标志是否易见易懂
11	陈列设备是否与商品相称
12	陈列的商品是否让人有容易接近的感觉
13	陈列的方式是否能突出丰富感及商品的特色
14	注意商品是否有灰尘
15	是否能显示出超市所经营的主要商品
16	促销商品能否吸引顾客的兴趣
17	商品陈列的位置是否在店员视线所及的范围以内
18	货架上的商品出售以后，补货是否方便
19	是否有效地利用墙壁和柱子来陈列商品
20	陈列设备是否安全可靠
21	破旧的陈列设备是否仍在使用
22	员工对陈列设备的使用方法是否已详细了解

二、陈列的程序

1. 正常陈列区域的陈列程序

（1）选择货架和配件。选择用什么型号的货架和配件来进行商品陈列，以达到陈列的效果。

（2）确定陈列的商品。确定陈列商品的类别、尺寸、形状、颜色、性能等详细资料。

（3）设计陈列图。按陈列的原则进行富有弹性的陈列设计，并用陈列图的方式进行详细描述。

（4）陈列实施。按陈列图进行现场的商品陈列。

（5）陈列调整。针对实际的陈列，遵循一定的原则对商品陈列进行现场修正。

（6）陈列图的确定。将陈列图按现场的实际商品陈列进行修正。

（7）商品陈列的确定。确定陈列图，并在店经理办公室进行备案。

（8）价格标志。确保所有在货架上陈列的商品都有正确的价格标签。

2. 端架陈列的程序

（1）商品的选择。选择即将在端架陈列的商品，商品选择优先考虑广告快讯商品、新产品、应季商品、利润和周转率高的商品、店内特价促销的商品等。

（2）进行订货/库存核实。核实该商品现有的库存量是否足够陈列，并根据预估的商品销售进行订货。

（3）确定端架位置。确定陈列商品的具体端架的位置。

（4）制作端架计划。由部门主管制定端架计划表，经楼面经理审批，确定商品的陈列方式和相应的促销手段。不同时期的陈列计划要翻新变化，品种有变化，方式有变化，体现商品经营的理念，跟随潮流、季节、节假日而变化，让顾客每次光顾都有新鲜感。

(5) 商品到货核实。在陈列更改的前一日，确定是否所有的商品已经到货或有足够的库存。

(6) 陈列实施。按端架计划表进行商品陈列的实施。

(7) 价格标志。确保所有在端架陈列的商品都有正确的价格标签。

3. 堆头陈列的程序

(1) 商品的选择。堆头陈列的商品优先选择广告快讯商品、主力销售商品、店内特价促销的商品、新商品、季节性商品等。

(2) 进行订货/库存核实。核实该商品现有的库存数量是否足够陈列，并根据预估的商品销售量进行订货。

(3) 确定堆头位置。在超市规定的堆头区域，一般多选择在超市入口处、收银台前区域、生鲜区域、卖场主通道等，属于新增加的临时堆头区域，必须由楼面经理或店经理批准。

(4) 制作堆头计划。由部门主管制定堆头计划表，经楼面经理审批，确定商品的陈列方式和相应的促销手段，食品的堆头必须体现节假日的销售理念，如中秋节销售月饼，新年礼物、糖果等，应季性，针对性较强。

(5) 商品到货核实。在陈列更改的前一日，确定是否所有的商品已经到货或有足够的库存。

(6) 陈列实施。按堆头计划表进行商品陈列的实施。

(7) 价格标志。确保所有堆头陈列的商品全部有正确的价格标签。

堆头/端架计划见表 9—3。

表9—3　　　　　　　　　堆头/端架计划表

部门：(1)　　　　　年　月　日(2)　　　年　月　日(3)

区域编号	货号	商品品名	原价	现价	库存	订货	陈列方式	备注
(4)	(5)	(6)	(7)	(8)	(9)	(10)	(11)	(12)

主管：(13)　　　　　　　经理：(14)　　　　　　　执行：(15)

填写说明：
(1) 做堆头/端架促销的部门；
(2) 陈列开始的日期，填写年、月、日；
(3) 陈列结束的日期，填写年、月、日；
(4) 堆头和端架的统一编号；
(5) 商品的货号；
(6) 商品的名称；
(7) 原零售价；
(8) 现优惠零售价；
(9) 目前商场的实际库存数量；
(10) 计划订货数量；
(11) 陈列的方式；
(12) 备注重要的信息，如快讯、促销活动、广告等；
(13) 部门主管制表签字；
(14) 楼面经理审批签字；
(15) 执行堆头/端架陈列的人员签字。

第三节 商品配置图表

一、商品配置图表的含义

商品配置图表就是指标示经营设备（尤其指陈列柜和陈列架）在卖场的平面位置，以及各类商品在货架上的陈列范围和陈列位置的图表。它是商品管理的基本标准，运用商品配置图表能使卖场商品配置与陈列标准化。所以，商品配置图表是超市经营特别是连锁超市公司标准化管理的重要工具。它主要包括卖场商品平面配置图和货架商品配置表两类。

1. 卖场商品平面配置图

卖场商品平面配置图包括卖场各类商品售货区的布局、卖场内商品部门的配置、各类商品售货区（或部门）所占面积的划分以及各售货区货架的布局摆放等。

2. 货架商品配置表

货架商品配置表是把商品的排面在货架上做一个最有效最合理的分配，并以画面表格规划出来。它由货架的位置及编号、货架规格、商品品项、品项总数、货位号、商品编码、商品类型（S、M、L）、商品排面数、单价、最大最小库存量及陈列数量、厂商代码、商品总成本、总销售金额、毛利润等一系列内容组成。

商品配置表的英文书写是 facing，日文名称是棚割表。英文 facing 的意思是指对商品货架陈列排面作恰当的管理，日文棚割表中，棚是指陈列用的货架，割是指适当的分割配置，也就是商品在货架上适当配置的意思。因此，商品配置图表的定义，是把商品陈列的排面在货架上作最有效的分配,并以书面表格形式画出来。在当今信息时代,商品配置表可以通过计算机来制作管理。

二、商品配置图表的功能

商品配置图表的功能主要有如下几个方面:

1. 商品陈列定位管理

超市卖场内的商品陈列定位,就是要确定商品在卖场中的陈列方位,在货架上的陈列位置以及所占的陈列空间。陈列定位管理就是为了达到陈列面积(即货架容量)的有效利用,无规则地进行商品陈列,就无法保证商品的有序有效的定位陈列,而有了商品配置表,就能做好商品的陈列定位管理,这不仅可以加强陈列的规范性,防止盲目陈列而造成的混乱,还可以通过事前规划给超市中毛利高、周转快的主力商品留有较好的陈列位置、较多的排面数,进而提高卖场销售效率。

2. 畅销商品保护管理

畅销商品是任何一个超市都必须予以保护的,保护的手段之一就是使用商品配置表。在超市中畅销商品销售速度很快,若没有商品配置表对畅销商品排面的保护管理,常常会发生这种现象:当畅销商品卖完了,又得不到及时的补充时,就易导致较不畅销商品甚至滞销品占据畅销商品的排面,形成了滞销品驱逐畅销品的状况。这种状况一方面会降低超市对顾客的吸引力,改变了超市组织商品陈列的初衷,另一方面会使超市失去售货的机会并降低竞争力。可以说,在没有商品配置表管理的超市,这种状况时常会发生,有了商品配置表管理,畅销商品的排面就会得到保护,滞销品驱逐畅销品的现象会得到有效控制和避免。同时,畅销商品排面的空缺和不足也是检查门店商品补货与商品陈列质量的"重点",成为发现和分析畅销商品断档原因并加以改进的"关注点"。

3. 商品销售目标管理

一般来说,超市的短期经营目标有2个:一是为了追求利润最大化,二是追求市场占有率的最大化。无论是属于哪一种情况,都必须通过商品配置表来实现。如某个超市的销售额已经很高了,但是利润不高,这时就应该把利润高的商品更多地放在好的陈列位置上来销售,利润高的商品销售量提高了,超市的整体利润水平也会随之提高。如果超市的毛利率较高,但销售额较小,这时应该把周转快的商品放在好的陈列位置上来进行销售,以提高其市场占有率。这种陈列位置随着销售目标的不同而进行经常性调整,就需要依靠商品配置图表给予商品适当的配置位置。

4. 连锁经营标准化管理

商品配置表也是连锁超市经营标准化管理的工具。连锁制的超市公司有众多的门店,达到单个门店的商品陈列的一致,促进工作的高效化,是连锁超市公司标准化管理的重要内容。有一套标准商品配置图表来进行陈列一致的管理,整个连锁体系内的陈列管理就比较容易开展。同时,商品陈列的调整和新产品的增设,以及滞销品的淘汰等管理工作的统一执行,也会有计划、高效地开展。

5. 有效地控制商品品种

每一个超市的卖场面积都是有限的,所能陈列的商品品种也是有限的,为此就要有效地控制商品的品种数。使用商品配置图表，就能取得有效控制商品品种的效果，使卖场效率得以正常发挥。

6. 商品陈列排面管理

商品的陈列排面管理，即提出商品配备和陈列的方案，从而规划好商品陈列的有效货架空间范围。在超市门店所销售的商品中，有的商品销售量大，有的销售量则很小，因此可用商品配置图表来安排商品的排面数。通常，畅销商品给予多的排面，也就是占的陈列空间大，而销售量小的商品则给予较少的排面数，即其所占的陈列空间较小。对滞销商品则不给予排面，可将其淘汰。商品陈列的排面管理对于超市企业提高卖场的商品销售效率，具有相当大的作用。

7. 商品利润的控制管理

超市门店销售的商品中，还有高利润商品和低利润商品之分。每一个经营者总是希望把利润高的商品放在好的陈列位置进行销售，把利润低的商品配置在差一点的位置销售，这样可以利于提高高利润商品的销售量，进而增加超市的整体盈利。这种商品利润控制的管理法，就需要依靠商品配置图表来给予各种商品妥当贴切的配置陈列，保证所有类似门店货架分配的基本统一，最终达到提高超市企业整体利润水平的目的。

三、制作商品配置图表的准备工作

1. 商品陈列货架的标准化

商品配置图表主要适用于其所有门店采用标准化陈列货架的连锁企业。而货架的标准视连锁企业门店的场地和经营者的理念而定。使用标准统一的陈列货架，在对所有门店的每一分类的商品进行配置与陈列管理时，就不需要对每一个门店都作一种配置或一种陈列。

各种业态模式的连锁企业应该使用符合各自业态的标准货架。例如,传统食品超市和标准食品超市通常使用的是小型平板式货架(高度为1.6 m左右),大型综合超市使用的是大型平板式货架(高度为1.8～2.0 m左右),仓储式商场使用的则是高达6～8 m的仓储式货架。便利店使用的是高度仅1.3 m的货架,专卖店使用的货架则视卖场的区域不同而发生相应的变化。当前,降低高度是连锁企业货架标准化的一个世界性趋势,其目的是为了增加消费者的可视度和伸手可取度。

目前,在我国一些连锁超市、便利店和专卖店中使用货架的非标准化情况也比较普遍,如便利店使用的是超市的货架形式,这就直接影响了顾客的购买速度等。而对于许多仓储式商场来说,应考虑进一步增强货架陈列段的灯光亮度,因为由于陈列货架的高度太高,阻挡了通道灯光对陈列段的照射,从而影响了商品的可视度。

2. 商圈与消费者调查

商圈调查主要是弄清超市门店所属地区的市场容量、潜力和竞争者状况;消费者调查主要是掌握商圈内消费者的收入水平、家庭规模结构、购买习惯、对该企业商品与服务的要求内容等。经过这两项调查,经营者就可根据这些调查所得的资料,开始构思该店要经营什么样的商品。尤其是欲在激烈的市场竞争中脱颖而出的连锁企业,注意同业的差异性尤为重要。例如:连锁超市就必须确立其门店的目的地品种即优势品种,这些品种针对的是最有消费潜力的目标消费者,这对于提高其超市门店的竞争实力是极其重要的。

3. 单品项商品资料卡的设立

在超市企业的信息系统中,要设立每一个单品项商品的信息资料卡,如该商品的品名、重量、尺寸、规格、售价、进价、供货量、包装材料等相关信息。这些信息资料对制作商品配置表是相当重要的,经常会被调用,因而一般这些信息资料都分门别类地建立在计算机档案内。从这些资料中可以分析确定商品周转率的高低、商品毛利的高低,以及高单价、高毛利的商品。

4. 配备商品配置实验架

商品配置图表的制作必须要有一个实验阶段,即采购部人员在制作商品配置图表时,应先在实验货架上进行试验性陈列,从排面上来观察商品的颜色、高低或某些商品容器的形状是否协调,是否对消费者具有一定的吸引力,如缺乏吸引力则可立即进行调整,直至协调和满意为止。

四、商品配置图表的制作要领

在制作商品配置表时,要运用一些技巧并掌握一些要领,这样做起来会比较顺手。

1. 中分类商品的陈列面积数要先决定

在规划整个部门的商品配置时,每一个中分类商品所占的面积数要先决定下来,以易于进行商品的配置。例如,碳酸饮料要配置 1 m 长、1.65 m 高的货架 3 座,这样决定下来,才能知道要配置什么品项、配置多少。

2. 规格尽量标准化

商品陈列使用的货架应尽量标准化,比如把标准尺寸定为 90 cm 长、165 cm 高,那么所有分店每一分类的规划只要 2~3 种商品配置图表就可以全部罗列管理,不会出现一个店一种商品配置的情形。

3. 建立商品卡

每一种商品都要建立基本资料,如在规划商品配置时常会用到商品的基本信息。因此,针对每一种商品建立商品卡非常必要,商品卡信息包括:商品本身的尺寸、重量、规格、进价、卖价、成分、照片、供货量等。

4. 设置实验架

在配置商品时,利用一座实验架,把商品的排面在货架上试验陈列,看看高低、颜色及容器形状等是否协调、有吸引力,否则可再调整直至最理想的状态。

5. 变形规格商品的处理

某些厂商为了达到促销的目的,将商品附上赠品并包装在一起,从而使产品尺寸发生变化,此种商品在正常的货架中应尽量避免。对于变形的尺寸规格,若为畅销品,则可用大陈列或端架陈列的方式销售;若不是很畅销,则不必在大陈列或端架中陈列,将原来的陈列面积缩小即可。比如原来为2个陈列面,现可缩小为1个陈列面。

6. 同类商品尽量使用垂直陈列,避免横式陈列

横式陈列会使顾客购买不方便,陈列系统也较乱,故应尽量避免横式配置。

7. 特殊商品采用特殊的陈列工具

虽然我们说货架要标准化,但某些非常特殊的商品只有使用特殊的陈列工具,才能把这些商品的魅力展现出来,以增强卖场的活性化及商品的展示效果。

8. 单品种的陈列量与订货单位要一并考虑在内

规划配置图表时要注意到陈列量与订货单位的问题，陈列量最好是1.5倍订货单位，或其整数倍。例如，某商品的一个订货单位为12个，则陈列量设定在18个最为恰当，等库存剩6个时，再订一个订货单位，在陈列时很方便，不必放到后场库存。

9. 商品与篷板间要留有适当空隙

避免商品与篷板紧贴，否则顾客在拿取商品时会很不方便，规划时商品与篷板间应留有3～5 cm的空隙。

10. 修正商品配置时应随时参阅POS资料

若不能充分掌握POS的销售资料，则会对商品配置的修改或设立的准确性产生很大的影响。

五、商品配置图表的制作过程

超市商品配置图表可分新店开业和旧店调整2种情况来制作。对于尚未制作商品配置图表的超市企业来说，商品配置图表的制作始于市场调查研究，终于卖场销售效果评估。其程序基本如下：

1. 消费者调查

在决定是否设立新店时，需进行商圈调查。如果商圈调查完成、决定设立新店，紧接着就是消费者调查。消费者调查的内容包括：商圈内顾客的收入、职业、家庭结构、购物习惯以及希望新店能提供何种商品及服务。根据这些调查所得到的资料，应更深入的分析，了解商圈内顾客对商品的潜在需求，并了解竞争态势，以构思要卖什么商品。

2. 部门构成

了解到商圈内消费者对商品的需求，商品部门要提案列出新店应经营哪几大类（部门）的商品。比如说，要不要设立玩具部门,或餐饮部门、鲜花部门。把适合商圈销售的商品大类做几种形态的组合,提供给上级裁决。

3. 商品大类大配置

决策单位裁定要经营何种大类后,商店人员应会同营业部、开发部共同讨论商品大类大配置。每一个大类所占面积大小,都要有一个最妥善的安排及配置。

4. 每一个中分类陈列尺寸的决定

采购部会同门店人员共同讨论决定每一个商品大类在连锁企业门店卖场中所占的营业面积及配置位置,并制做出大类商品配置图。当商品经营的大类配置完成后,采购人员就要将每一个中分类商品安置到各自归属的大类商品配置图中去。即每一个中分类商品所占的营业面积和占据陈列货架的数量首先要决定下来。这样才能进行单品项商品配置。例如,在超市中,膨化类食品要配置高 165 cm,长 90 cm,宽 35 cm 的单面货架 3 座。这样决定后,才能知道具体可配置多少量的单品项商品。完成了商品大类和中分类的商品配置后,才能进入商品配置表的实际工作阶段,即决定单品项商品如何进入卖场。

5. 单品项商品陈列量的确定

单品项商品陈列量应与订货单位结合考虑。例如,由配送中心送配货的超市卖场和内仓的商品量是日销售额的 1.5 倍,或其倍数。对每一个单品项商品来说也是如此,即一个商品平均日销售量是 12 个,则商品量为 18 个,但每一个商品的陈列量还须与该商品的订货单位一起进行考虑,其目的是减少内仓的库存量,加速商品的周转,每个商品的陈列量最好是 1.5 倍的订货单位。例如,一个商品的最低订货单位是 12 个,则其陈列量设定在 18

个,该商品第一次进货为2个单位计24个,18个上货架,6个进内仓,当全部商品最后只剩下货架6个时,再进一个订货单位12个,则商品可以全部上货架,而无须再放进内仓,做到内仓的零库存。

6. 根据商品的陈列量和陈列面积确定相应的货架数量

商品的陈列量和陈列面积是和商圈调查相沟通的,例如,热销商品、流行性商品、常用商品可适当加大其陈列面积。同时,根据每个商品包装的要求和外形尺寸来具体确定每个货架层面板之间的距离、陈列商品的货架位置以及其他配件数量和位置。

7. 商品的陈列位置与陈列排面数的安排

决定单品项商品具体陈列位置和在货架上的排面数必须遵循有关商品陈列的基本原则,运用好商品陈列的多种技术。如商品配置在货架的上段、黄金段、中段还是下段等,同时还须考虑到企业的采购能力、配送能力、供应厂商的合作以及超市自我形象的塑造等诸多因素,只有这样才能将商品配置好。例如,品种目标货位的确定,就比较多地考虑到这类商品消费者的购买习惯,一般在卖场显眼处设专柜和专架陈列。

除了商品位置配置合理外,第一排的商品数目要适当。要根据每种商品销售个数来确定面朝顾客一排商品的个数。一般来说第一排的商品个数不宜过多,如个数过多,一个商品所占用的陈列面积就会过大,相应的商品陈列品种就会下降,在客观上也会使顾客对超市极力推销该商品产生心理压力,造成顾客对该商品的销售抵抗,但促销商品除外。

8. 特殊商品用特殊陈列工具

对需特殊陈列的商品就不能一味强调货架的标准化而忽视特殊商品特定的展示效果，必须使用特殊的陈列工具，才能展示特殊陈列商品的魅力。例如，在超市的经营中发现，消费者对整齐划一和标准的陈列普遍感到有些乏味。因此，在卖场适当位置，运用特殊的陈列工具配置特殊商品，可以调节卖场的气氛，从而改变商品配置和陈列的单调感。

9. 商品配置图表的设计

商品配置图表的制作是一项艰苦的工作，也是一项实践性和操作性很强的工作，需要采购人员认真研究。一般采购人员在制作商品配置图表时，先作货架的实验配置，达到满意效果后才制作商品配置图表。商品配置图表是以一座货架为基础制作的，有一个货架就应有一张商品配置图表。商品配置图表的设计，只要确定货架的标准，再把商品的品名、规格、编码、排面数、售价表现在表格上即可。也有的把商品的形状画到图表上，但这些必须借助于计算机来设计，这就对货架管理人员提出了更高的技术要求。

六、商品配置图表的修正

公司一旦制定了标准化的商品配置图表后，各门店就必须严格执行。但是商品的配置并不是永久不变的，必须根据市场和商品变化作调整。这种调整就是对原来的商品配置图表进行修正。商品配置图表的修正一般是在固定一段时间内进行，可以是1个月、1个季度修正1次，同时也要考虑到季节、时令、促销等因素，并作为修正商品配置表的依据。但是不宜随意进行修正。因为随意修正会出现商品配置凌乱和不易控制的现象。商品配置图表的修正可按如下程序进行：

1. 每月销售情况的分析

超市不管是单体店还是连锁店必须每月对商品的销售情况进行统计分析，统计的目的是要找出哪些商品畅销、哪些商品滞销，配备 POS 机系统的超市会很快统计出商品的销售情况。没有配备 POS 机系统的超市则要从商品的进货量和库存量中进行统计。

2. 滞销商品的淘汰

经销售统计可确定出滞销商品，但商品的滞销原因很多，可能是商品质量问题，也可能是销售淡季的影响、商品价格不当、商品陈列不好，更有可能是供应商的促销配合不好等等。当商品滞销的原因弄清楚以后，要确定滞销的状况是否可能改善，如无法进行改善就必须进行淘汰，不能让滞销品占据货架而影响销售。

3. 畅销商品的调整和新商品的导入

不仅要检查滞销商品，也要检查畅销商品。对特别畅销的商品，应检查其陈列面积是否恰当，一是增加其陈列的排面；二是调整其位置及在货架上的段位。对由于淘汰滞销商品而空出的货架排面，应导入新商品，以保证货架陈列的充实。

4. 商品配置表的最后修正

实际进行调整工作，是修正商品配置表的最后一步，虽然相对复杂一些，但是必须做好。特别是对于那些经营时间较长的超市来说，如果交通状况、商圈人口、竞争转变都发生了根本性的变化，这时必须对商品的配置进行较大幅度的修正，甚至连部门的配置都要进行修正。通常情况下，在确定了滞销商品的淘汰、畅销商品的调整和新商品的导入之后，这些修正必须以新的商品配置图表的制定来完成。新的商品配置图表的下发（一般可以通过信息系统来传递），就是超市门店进行商品调整的依据。

5. 陈列的变更

陈列变更的原则

（1）正常商品的陈列图确认后，商品的陈列即确定，不能随意更改排面和陈列。

（2）商品陈列的更改必须在陈列图完成更改后进行。

（3）当新商品需要替代淘汰商品时，经过批准，可以更改陈列。

（4）当需要增加新商品时，经过批准，可以更改陈列。

（5）当商品的销售与陈列不能匹配时，经过批准，可以更改陈列。

6. 正常陈列的更改程序

（1）陈列更改申请。楼面主管根据商品陈列的实际需要提出更改计划或申请，注明更改的原因，以及更改后的陈列初图。

（2）店经理批准。经理审核和批准需要更改的陈列图是否合适。

（3）陈列图更改。将陈列图进行更改确认。

（4）陈列更改。楼面根据更改后的陈列图进行陈列的更改实施。

第四节　陈列作业时间表

商品陈列的具体时间一般都以表格的形式出现，因为这样制作起来简单,具体操作时也容易看懂,能提高各方面的效率。

陈列作业时间见表 9—4。

表 9—4　　　　　　　　陈列作业时间表

时间	业务内容
开店前	1. 巡视卖场 2. 讨论一天的作业内容 3. 特卖等售价变更 4. 早会 5. 店内清洁
9:50—12:00	1. 商品前进陈列,此时兼做鲜度、日期的检查 2. 进货准备(只含进货日) 3. 商品补充 4. 温度检查
12:00—15:00	1. 轮流吃饭(各自 1 小时) 2. 商品补充 3. 补充商品时做前进陈列、排面决定和维持
15:00	1. 商品验收及补充 2. 商品前进陈列 3. 仓库、电冰箱整理 4. 明日的订货 5. 明日的业务检查及讨论 6. 温度检查 7. 清洁

第十章
各类商品陈列技巧

陈列方法和陈列技巧并非无一例外地适用于任何类别商品。不同类别的商品有不同的陈列方法与技巧，甚至相同的商品在不同的季节、不同的时间也有不同的陈列方法与技巧。只有针对每类不同的商品实施不同的且适宜的陈列方法，才能起到很好的促销效果。

第一节 食品、洗涤品陈列技巧

一、食品陈列技巧

食品是超市的主力商品，应该陈列在卖场主通道两侧或超市的主要位置，而这些位置通常是顾客必须经过的地方。

食品的种类很多，就一个中型的超市而言，食品种类也在千种左右。这里所谈的食品，主要是指干果、膨化类食品，或者通俗化一些，主要是指零食类食品。常见的类型就是包装好的食品。如饼干、巧克力、方便面、薯片等。

这类食品一般来说，销售频率较高，周转快，因而在陈列时，应注意量化。而且应经常补货。这类食品多以一层一层的形式陈列在货架上。因而可以充分利用货架的分段原理，按食品的类别、受欢迎程度和流行趋势，合理分配其在货架上的位置和数量，并适时做出变化陈列。

在同一通道的两侧千万不可陈列同类食品，而应陈列完全不同的食品。因为如果两侧陈列的食品都差不多，消费者很可能只看一边的食品，而忽略另一边。

食品比别的商品更注重保质期和有效使用期，因而在给食品进行补货时，更要注意运用先进先出原则。不要把快到期的食品摆放在货架上，一定要将日期早的食品陈列在最前面。对于促销食品、应季、应节气食品、保质期不长的食品，可进行堆头陈列。

二、洗涤用品陈列技巧

洗涤用品是顾客的必需品，即使陈列在卖场通道的末端，顾客也愿意前往。因而，在一定程度上起到了吸引顾客进入超市最里面的作用。

洗涤用品包括日化用品、清洁用品、个人卫生用品等。如洗发水、香皂、洗涤剂、女性洗液等。洗涤用品多呈液态，因此要特别注意防止液体外流。其中化妆品属高价值体积小的商品，应以专柜形式陈列并单独收银结算。遵循先进先出原则，注意商品保质期。

陈列洗涤用品时要特别注意运用关联陈列原则。比如在沐浴露旁陈列搓澡巾和沐浴海绵，在牙膏旁边陈列牙刷等。这样陈列既便于顾客购买又能带动关联消费。

第二节　生鲜食品陈列技巧

在超市经营的商品中，生鲜食品占有重要的地位，它们与居民的日常生活密切相关。生鲜食品也可称为易腐食品，属于不易保存的商品。相对于超市的其他商品类型来讲，生鲜食品的市场潜力很大，销售毛利最高。但由于管理和加工环节较多，产品的保质期短，因此管理的难度较大。

生鲜食品可以分为生鲜三品和生鲜五品。生鲜三品是指肉类、水产、果蔬三类食品；生鲜五品是在生鲜三品的基础上加上熟食产品、面包。由于生鲜食品易变质、腐烂，所以其陈列需要一定的技巧。在这里，主要介绍果蔬和肉类的陈列技巧。

一、果蔬陈列技巧

水果与蔬菜是超市的主力商品之一，它们虽然不能给超市带来多少利润，但却是居民生活的必需品，能够吸引来大量顾客，使他们产生连带购买行为。因此，果蔬的陈列直接影响到超市整体的经营业绩。

果蔬陈列要注意两个问题：一是新鲜，二是干净。蔬菜的单位价值低，人们购买的出发点就是新鲜；净菜适应人们快节奏的生活方式，是目标购买行为的一种发展趋势。由于果蔬种类繁多，很难有一个标准化的陈列格式，因此在这里，我们只介绍一些基本的陈列要求与技巧。

1. 果蔬陈列的要求

（1）质量、卫生要求。新鲜蔬菜进入超市前必须经过冲洗，不得带有泥土、枯叶等杂物，并且无腐烂等症状。

（2）进行分类、分级。新鲜果蔬上柜前要按种类分存，并标注等级；果蔬等级与价格必须保持一致，标价必须符合公司的规定。

（3）修剪要求。对于散装蔬菜中不符合要求的部分，在包装上柜前须进行修剪，保证上柜商品的质量。

（4）包装要求。新鲜果蔬的包装要在包装袋上打少量透气孔；须冷藏保藏的果蔬在包装材料上要选用耐低温材料；外包装上必须注名商品的生产日期、保质日期、保存条件等；为了保证果蔬鲜度，包装后应尽快销售；蔬菜必须包装后再放入保鲜柜内保藏。

2. 陈列和保存的其他要求

果蔬类商品陈列除按类分存外，还要注重色彩的搭配，以显示货色齐全；应注重量感，保持台面货物丰满，品种充足；果蔬应每周调整陈列位置，不要固定于一个地方；属于需求量小的商品，应力求陈列在必需品附近；新鲜果蔬陈列温度应保持在5～10℃；冷藏果蔬应陈列在冷藏柜内，冷藏柜温度应保持在－2～3℃；根茎类蔬菜如土豆、芋头、洋葱、地瓜等保存在5～10℃环境下。

3. 果蔬陈列的基本方式

超市中果蔬的陈列主要有堆积、置放、交叠、装饰、排列5种方式。

（1）堆积陈列。将商品自下而上放置在一起，称为堆积陈列。顶层商品数量较少，底层商品数量最多，既稳妥，又有一定的量感，以体现出商品纯正的自然色。

(2) 置放陈列。将商品散开放置在容器中称为置放陈列。容器一般是敞口的。由于容器 4 个侧面和底部有隔板，商品不会散落，只要将上面一层的商品放置整齐就行了。

(3) 交叠陈列。将形状各异、大小不一的商品进行交错陈列，称为交叠陈列。交叠的目的就是为了美观，使商品看起来整齐一些。

(4) 装饰陈列。将一些商品放在另一些商品之上，起到陪衬的作用，称为装饰陈列。例如，用假叶装饰水果，用小树枝装饰荔枝等。装饰的目的是为了产生良好的视觉效果，使商品显得新鲜可口，整齐漂亮，以达到促销的目的。

(5) 排列陈列。将果蔬有顺序地并排放置在一起陈列。重点是将果蔬的根茎分别对齐，达到根齐叶顺的效果，给人留下美观整齐的印象。

4. 果蔬陈列的形态

超市中果蔬陈列的基本形态可以归纳为以下 15 种。

(1) 堆积形。将包装过的商品、长形的商品、袋装商品先排好正面和侧面的部分，然后向上堆到一定高度，就是堆积形。在运用堆积形陈列商品时，前面的商品要排放整齐，两个侧面可用挡板或商品自身进行固定，第二层商品的中心应该在底层 2 个商品的联结点上，依次往上堆，数量递减。

(2) 阶梯形。将不能堆积陈列的果菜，放在准备好的阶梯形的陈列架上。架上的商品要排放整齐，层层有序，以显示出商品的多样与丰满。在采用阶梯形陈列商品时，要注意商品颜色的搭配和形状大小的搭配，使其整体有一定的层次感和立体感。

（3）段积形。段积形和阶梯形的差别在于，阶梯形要用阶梯形的货架，而段积形则依靠商品自身的摆放而成形。段积形好像积木，顶部到底部的线条呈阶梯状的形式。

（4）搭配形。将2种以上的商品陈列在一起，来获得理想的对比视觉效果。例如，颜色搭配、大小搭配、长短搭配等。通过搭配对比，各种商品的色彩显得更加鲜明，更引人注目，形体特征也更加明显。

（5）围绕形。用一种商品将另一种商品围绕起来，或者用隔物板、容器将商品围绕起来，这就叫围绕形。采用围绕形陈列的商品一般单位价值较高，形体较小，被围绕起来能显示出良好的视觉效果。

（6）圆积形。主要用来陈列圆形的蔬菜和水果，如圆形茄子、土豆等蔬菜以及葡萄、苹果等水果。陈列的顺序是先排底层的前边部分，然后排底层的侧边和右边，最后再排底层的中间部分。第二层商品的中心要放在底层商品中心所在的位置，以此向上排放。

（7）圆排形。主要用来陈列体积较大的果蔬，如冬瓜。首先用挡板将商品的两侧固定起来，防止其松垮塌落。然后放置底层商品，每层商品重心相对，层层向上，给人一种整齐丰满的感觉。

（8）面对面形。将包装过的蔬菜2排列为1组，组与组之间根对根或头对头地陈列。这种陈列形式整齐划一，有利于超市果菜围场的整体布局，有利于维持良好的店堂环境。

（9）格子形。这是陈列胡萝卜、青菜等尖形蔬菜的一种形式。摆放时，要根部向外，尖部相对，纵横交错。匀称的圆形根部或带叶的根部要朝向顾客，以反映商品良好的品质。

（10）芹排形。这是陈列芹菜、茭白、葱等细长形蔬菜的一种形式，摆放时，蔬菜根部向外，数层对齐，茎部向里，呈纵向排列。

（11）交错形。这是陈列蒜苗、韭黄等长身、瘦体蔬菜的一种形式。摆放时，层层之间要根茎相对，整体呈方形。

（12）盘子形。这是陈列青豆、豆芽菜等形状不一的蔬菜的一种形式。用白色盘子将这些蔬菜固定陈列起来。

（13）斜立形。这是陈列大白菜的一种形式，棵棵白菜紧靠在一起，根部朝下斜立着。由于相互之间是侧靠着的，重心在侧面，其根部不易损坏，顶部或菜心部分不易张开，确保了蔬菜的新鲜性。

（14）植入形。这是将蔬菜根部和顶部相连，根部植入前排蔬菜顶部下面的一种陈列方式。它与斜立形的区别在于斜立形是站立着的，而它是平躺的。采用植入形陈列的蔬菜，根部朝里，叶部朝外，将翠绿色直接展现给消费者，以体现它的新鲜度。

（15）散放形。这是陈列形状不一的根菜类和香蕉的一种形式，只要把面对消费者的部分摆放整齐就可以了。这类果蔬怕挤压，不能堆积，只能散放。一般是根部朝里，顶部面对消费者。

二、肉品陈列技巧

1. 质量要求

必须符合国家关于《肉类及肉类加工品卫生管理规定》的要求，包装及半成品食品必须保证新鲜；鲜肉的鲜度标准：表面有油干的薄膜，干皮呈粉红色，新切面呈微湿，但不粘手，具有该种牲畜肉特有的颜色，肉汁透明；切断面肉质致密，手指压陷的小窝可迅速恢复原状；牛脂肪呈白色、黄色、微黄色，坚硬，压挤时碎裂；猪脂肪呈白色，柔软有弹性；绵羊脂肪呈白色且致密。骨髓充满全部管状骨腔，坚硬，黄色，折断面骨髓有光泽，与硬质层不脱离，腱有弹性，致密，关节表面平滑，有光泽，关节内组织液透明。进货应种类齐全、充足，以满足正常销售；必须经过预冷处理，将不能销售或影响销售的部分剔除。

2. 加工、分割、包装要求

对于新鲜屠体需要按照类别、等级标准进行分割加工；经分割的各类肉品应当符合该类的等级标准，如排骨的骨与肉比例要适中，比例不适当必将影响销售或收益；对于即称即售的肉类须用消毒卫生袋包装，对于上柜陈列的肉品要用保鲜膜包装。

3. 分类陈列要求

可以按精肉、上肉、三层肉、无骨猪扒、肋骨、龙骨等分类陈列，也可以按家禽肉、牛肉、猪肉、羊肉、加工肉食品等分类陈列。

4. 工具存放要求

所有切割用具及盛储用具均需定期进行严格消毒，并按规定位置存放。

5. 保鲜要求

对于冷藏的肉品，须存放在温度为 $-2\sim2℃$ 的冷藏柜内；现场切割并销售的肉品包装区温度应保持在 $15℃$ 左右；已包装新鲜肉品以存放在 $-3℃$ 左右的冷藏柜内为宜；熏肉、加工肉食品以 $1\sim8℃$ 为宜；各种肉品在不同温度下储藏期分别为：猪肉在 $-1.5\sim0℃$ 下可储藏 $7\sim14$ 天。鸡肉在 $0℃$ 下可储藏 $7\sim11$ 天；

牛肉在−1.5～0℃下可储藏 28～35 天；小牛肉在−1～0℃下可储藏 7～21 天；羊肉在−1～0℃下可储藏 7～14 天。

第三节　日配品与水产品陈列技巧

一、超市日配品陈列技巧

日配品的名称来自美国的"daily food"，即指鱼、肉、蔬菜、调味品以外的副食品、面、豆腐、乌龙面等半生商品、乳制品、饮料、果汁、简便的冷冻食品及冰激凌等。由于这些副食品为每日生活的必需品，应以每日供应为原则，故又称为日配品，取之于每日需有供应商直接配送。

超市中的日配品主要指果汁、饮料、冷饮、豆制品、乳制品、面包等。这些商品是消费者每日生活的必需品，每天都应该进行配送，以确保其鲜度。

日配品的陈列方法主要有集中陈列和冷藏柜陈列。例如，在上述日配品中，豆制品周转快，顾客购买率较高，就应运用集中陈列，将其交叉重叠堆放起来。

超市日配品的陈列方式，可分成量贩廉价陈列、使店内贩卖效率提高的陈列、与他店差别化的陈列和配合全店促销主题的陈列。

1. 量贩廉价陈列技巧

量贩廉价陈列的目的是让顾客可从多种商品中选择，使其有满足感、新鲜感、季节感。以日配品而言，应尽量做到突出陈列或 2 层次陈列。

2. 使店内贩卖效率提高的陈列

采取商品关联性陈列是极好的方法，如比萨饼和奶酪、辣椒酱、芝士粉放在一起陈列。

3. 与他店差别化的陈列

差别他店陈列的目的是为了避免商品在价格上的竞争。

4. 配合全店促销主题的陈列

有各部门提供专区的做法。

二、超市水产品陈列技巧

随着经济的发展，居民收入水平不断提高，水产品由于其富含营养和不饱和脂肪酸的特点，日益受到消费者的青睐。这类产品已成为超市中最具市场潜力的产品之一。

超市中的水产品可以分为3大类：冷冻的水产品、盐干类水产品及新鲜的水产品。新鲜的水产品又可以分为活的水产品和死的水产品。不同类型的水产品陈列方式各不相同。

1. 冷冻水产品陈列法

冷冻水产品食用时需要解冻，一般被陈列在冰柜中。产品的外包装应该留有窗口，或者用透明的塑料纸包装，使消费者能够透过包装清楚地看到水产品实体。冷柜一般应是敞口的，并连续制冷，以确保冷柜内必要的温度水平。

2. 盐干类水产品陈列法

盐干类水产品是用食盐腌制过，短期内不会变质。例如，盐干壳类、贝类等。这类水产品应使用平台陈列，以突出其新鲜感。由于地域的差异，我国北方许多消费者不习惯食用贝壳类水产品。因此，超市应提供调味作料，提供烹饪谱，必要时还可以提供烹制好的实物照片，以增加产品的销售。

3. 新鲜的活的水产品陈列法

活虾、活蟹、活鱼等水产品要以无色的玻璃水箱进行陈列,以满足顾客求新鲜的需要。在日常生活中,水中游弋的鱼虾常常备受消费者的喜爱,它们的价格明显高于非活水产品。

4. 新鲜的非活水产品陈列法

新鲜的非活水产品是指出水时间较短,新鲜度比较高的水产品。这种水产品一般用白色托盘或平面木板进行陈列。陈列时在水产品的周围撒上一些碎冰,以确保其质量和新鲜度。摆放时鱼头朝里,鱼肚向下,碎冰覆盖的部分不应超过鱼身长的二分之一,不求整齐划一,但要有序,给人一种鱼在微动的感觉,以凸出鱼的新鲜感。

5. 段、块、片鱼陈列法

一些形体较大的鱼无法以整鱼的形式来陈列,则可分段、块、片来陈列,以符合消费者一餐的消费量。例如有一年春节,北京有家超市出售小型鲨鱼,就采取了这种陈列方法。对这种鱼,应该用白色深底托盘来陈列,盘底铺上 3~5 cm 厚的碎冰,冰上摆鱼,顶层鱼段少,底层鱼段多,要有一定的层次感,以体现其品质的优良。

第四节 电器陈列技巧

电器主要包括电视机、冰箱、空调、洗衣机、油烟机、音响等大电器和随身听、照相机、剃须刀等小电器。无论是小电器,还是大电器,都应按品牌归类陈列,将一个品牌的不同型号的同类电器摆放陈列到一起,给人以一种规模感,觉得生产这些电器的厂家规模都不小,而且种类齐全。国美电器专卖在陈列电器时，会将大件的电器按品牌特设一个小间，这给认牌购买的顾客带来了很大的方便，如果已经想好购买什么牌子的电器，只要直接去特定的小间即可。

电器，相对于别的商品来说，价格都较高，因而消费者在选购电器时，都会比较谨慎。所以，陈列出来的电器一定要完好无瑕，而且要干净。现在很多消费者在购买电器时，都很注意产品的售后服务，如保换时间，免费保修时间，以及售后上门服务等。所以应妥善保管电器配件、说明书和维修卡。

其中小电器类宜专柜陈列和收银，因为小电器体积较小，容易被忽略。需轻拿轻放，严防碰撞，清洁商品样品时应用干毛巾。遵循先进先出原则，经常清洁商品。大电器的陈列也并非无章可循。不能只是简单地将其摆放在一起。在陈列大型电器时，要特别小心将其平稳地陈列，电器不比别的产品，一旦有碰撞，很可能失去使用价值了。

电器的标价签一定要准确到位，电器一般价格都较高，标价不明会造成不必要的纠纷。电器的标价签一般都是用胶带完全粘到电器上的。比如洗衣机，顾客在选购洗衣机时，一般都会打开来看，如果不是固定在洗衣机上的标签，很有可能就被弄掉。

第五节　四类商品橱窗的陈列要点

橱窗广告的表现形式与主题是相互联系、不可分割的。正确的表现形式对任何广告装潢或陈列都具有重要的意义，而表现形式的选择还要看商品的性质、质量、当时的季节、当地的经济条件、购物环境、经营性质等因素。例如，冬季推销夏装收效不好,因为不合时令。又如,经营钟表的商店橱窗陈列布娃娃、工艺品商店的橱窗里摆放五金商品都是荒谬可笑的做法。相反,如果商业繁华地区的服装店在橱窗里陈列一批新时装,便可取得事半功倍的效果,有利于时装推销。

橱窗陈列方式大致分为:实物为主的陈列,版面装饰为主、配上部分骨干商品的陈列;大块图板、图表为主,宣传文字为辅的陈列;高度抽象、艺术化的文字为主,部分商品为辅的陈列;图画、油画为主要表现手法、配有文字的陈列;展示电子、激光新技术的橱窗陈列等等。要确定主题的表现形式或手段,需要掌握骨干商品和新产品的质地以及特点。

一、纺织品

不需要过多的颜料在版面上做文章,它们本身的色彩就足以使橱窗五彩斑斓。主要应从展品中找出能凸出产品并适合做背景的纺织品,在商标的制作(包括招牌、标志的制作)上下工夫。要使人一看就知道是什么品牌、有什么特点、适合何种人穿。当然也不要忽视把这些静物做活,使它充满活力、饱满、具有立体感。平铺直叙、毫无生气的陈列与橱窗广告的意义是相违背的。

二、服装

在干净的版面上,精心设计一些服饰,不要多,不要乱。灯光采取舞台效果,几个身着新颖款式时装的模特即可把各式服装的优点展示出来,使人们产生追求美而合体时装的购物欲望。如果版面十分华丽、服装成排成行,反而会把每件服装要表现的特点埋没了。

三、儿童玩具

玩具是孩子们的乐趣所在,因此玩具橱窗的广告装潢不宜用冷色调，不宜用会使孩子们产生恐惧和联想的道具以及具有危险性的物品，而应采用暖色调，配上孩子们喜爱的故事情节做布景，选一些为儿童所乐于接受的玩具陈列品。孩子们在参观后，必然会产生亲切、安全、趣味无穷的感受，橱窗中的那些玩具也就成为他们渴望得到的礼物。

四、工艺品

工艺品种类很多，在陈列中可按其性质分为玻璃器皿、美术陶瓷、花画、草编制品、竹编制品、漆器、景泰蓝、各种工艺首饰、文房四宝、雕塑等。展示工艺品的形式比较讲究，对灯光的要求也高，背景从色彩到质地都要精心挑选，反复对比。展架不能粗糙，各类工艺品不要混合陈列。每一类工艺品为一组，根据形状、颜色的不同，配以不同的灯光。陈列组合应错落有致，展架要由透明度好、结构精巧的材料制成。陈列时应把重点商品摆放在明显位置，衬以名贵织物，加投影灯，将其质地、工艺及工艺品所具有的意境价值充分展示出来。

参考文献

1. 吴建国. 流通现代化原理与实务. 北京：中国物资出版社，2003
2. 肖怡，刘宁. 现代商店经营管理实务. 广州：广东经济出版社，2003
3. 戴春华. 超市标准化营运管理：C超市经营管理工作者实务手册. 第四册，商品营运管理. 广州：南方日报出版社，2002
4. 孔秋英. 现代货仓式零售超市经营实务. 广州：广东经济出版社，2001
5. 周树清. 超市营销的秘诀与实例. 北京：中国国际广播出版社，2003
6. 屈云波. 百货店营销. 北京：企业管理出版社，1999
7. 韩光军. 超市营销. 北京：首都经济贸易大学出版社，2003
8. 余凯. 超市生鲜食品经营管理实务. 北京：企业管理出版社，2002
9. 黄福华. 现代连锁超市经营管理实务. 长沙：湖南科学技术出版社，2002